एक योगी के सान्निध्य में

एक योगी के सान्निध्य में

परमहंस स्वामी महेश्वरानन्द

बुक्स फॉर आल

[ए डिविजन आफ डी०के० पब्लिशर्स डिस्ट्रीब्यटर्स (प्रा०) लि०]

दिल्ली-110052

वितरक:
डी० के० पब्लिशर्स डिस्ट्रीब्यूटर्स (प्रा०) लि०
1, अंसारी रोड़, दरियागंज,
नई दिल्ली-110002
दूरभाष: 3261465, 3278368
फैक्स: 091-011-3264368

अ०मा०पु०सं० 81-7386-133-1

प्रकाशक:
बुक्स फॉर आल
[ए डिविजन ऑफ डी० के० पब्लिशर्स डिस्ट्रीब्यूटर्स (प्रा०) लि०]
ए - 6, निमड़ी कम्युनिटी सेन्टर,
अशोक विहार, फेज - IV, भारत नगर के पास,
दिल्ली-110052
दूरभाष: 7430113, 7143353
फेक्स: 091-011-7138265

लेजर टाईप द्वारा:
आइडियल प्रिन्टर्स, दिल्ली-7

मुद्रक:
डी०के० फाइन आर्ट प्रैस (प्रा०) लि०

भारत में प्रकाशित

समर्पण

यह पुस्तक परम आदरणीय गुरु परमहंस स्वामी माधवा नन्द जी एवं परम गुरु भगवान श्री दीपनारायण महाप्रभु जी तथा उन समस्त जनों को समर्पित है, जो मानव जीवन के चरम लक्ष्य—आत्म साक्षात्कार के प्रति प्रयत्नरत हैं।

—परमहंस स्वामी महेश्वरानन्द

प्रस्तावना

योग विद्या को तत्व रूप में सर्व साधारण को समझाने के उद्देश्य से हमारे हृदय-में सत्संग पर एक पुस्तक के प्रकाशन का विचार आया। सत्संग का अर्थ है सत्य के साथ, उस स्थान पर उपस्थिति, जहाँ सत्य का ज्ञान हो। ऐसे अवसर पर सत्य के प्रति जिज्ञासा के शमन के लिए आवश्यकता है—ज्ञानदाता गुरु की और ज्ञान पिपासु शिष्य की। यह पुस्तक इसी प्रकार के सत्संगों में परमहंस स्वामी महेश्वरानन्दजी के उद्बोधनों का संकलन है, जिन्हें उनके शिष्यों ने (टेप) ध्वन्याकित अपना, लिपिबद्ध कर लिया।

यह एक तथ्य है कि स्वामी जी के सान्निध्य में उनके श्री मुख से प्रसूत वाणी में जो शक्ति और ताजगी है, वह पुस्तक के रूप में पूर्णत: सम्प्रेषित नहीं हो पाई है। इसके साथ ही पुस्तक में उस आनन्द का भी अभाव होता है जो केवल सत्संग से ही प्राप्त होता है जो गुरु की वाणी, उनके हाव भाव और प्रत्येक स्पन्दन से ही उद्भूत होता है।

पुस्तक की विषय सूची का विषय क्रम की अपेक्षा काल-क्रम से ही संयोजन किया गया है जिससे कहीं कहीं विचार प्रवाह में व्यतिक्रम लगता है; पर यह इस बात का भी संकेत है कि विदेशों में योग शिक्षा किस धैर्य के साथ प्रदान करना संभव हो सका है।

—स्वामी चिदानन्द

विषय वस्तु

१. मस्तिष्क,बुद्धि, चेतना तथा ज्ञानेन्द्रियों की क्रियायें

(नोवी सैद , अप्रेल,१९८२)

मस्तिष्क पर नियंत्रण केवल परोक्ष रूप में ही संभव है । योग की भाषा में कथन है कि हमें सर्व प्रथम इस बात का ज्ञान आवश्यक है कि हमारे मन की अशान्ति का मूल कारण क्या है? समस्या के निवारण के लिए उसके कारण को जानना आवश्यक है । इसलिए आइये, विचार करें कि मन क्या है? उसकी अशान्ति के क्या कारण है? और बुद्धि तथा चेतना के कौन से स्तर हैं?

मानव शरीर दस घोड़ों से खचित एक रथ के समान है । रथ की गति, गन्तव्य और यात्रा की सुविधा इस बात पर निर्भर है कि उसके घोड़े जंगली हैं अथवा प्रशिक्षित । इसी प्रकार हमारा समग्र व्यक्तित्व सूक्ष्म रूप से हमारे इन्द्रिय रूपी घोड़ो सें सम्बद्ध है । पाँच ज्ञानेद्रियाँ और पाँच कर्मेन्द्रियाँ ही वे अश्व है, जो अहर्निश कर्मरत हैं ।

कर्ण, नासिका,आंखें, जिह्वा और स्पर्श ज्ञानेन्द्रियाँ और हाथ, पैर, वाणी, विसर्जन तंत्र तथा जननेन्द्रिय कर्मेन्द्रियाँ हैं । समस्त भौतिक क्रियायें कर्मेन्द्रियों द्वारा संचालित हैं । उदाहरणार्थ कल्पना कीजिए कि किसी व्यक्ति के हाथ बंधे हैं और आँखे खुली हैं । ऊपर की ओर देखने पर उसे कुछ गिरता हुआ दिखाई देता है । वह उसे पकडना चाहता है । पर हाथ बंघे होने के कारण यह संभव नहीं । आँखें वस्तु के गिरने का संकेत तो देती हैं पर क्रिया नहीं कर सकती । अत: आखें मूँद लेना ही उस स्थिति से बचने का उपाय है । इसके विपरीत ध्यान करते समय आँखें तो बन्द हैं और हाथ मुक्त हैं । कोई वस्तु गिरती है और हाथ स्वतंत्र हैं पर उस स्थिति में उनका उपयोग संभव नहीं । इस प्रकार ज्ञानेन्द्रियाँ ही क्रिया से पूर्व मस्तिष्क को सूचना प्रेषित करती है और कर्मेन्द्रियों को सहयोग कर समस्त भौतिक क्रियाओं का निदर्शन करती हैं ।

व्यक्ति प्रात: से रात्रि और रात्रि से प्रात: जो कुछ देखता, सुनता, आस्वादन अथवा अनुभव करता है वह संस्कार रूप में अवचेतन मानस पर अंकित हो जाता है । समय पाकर वही अनुभव एक वायु तरंग के समान, अवचेतन से चैतन्य

मनोदशा तक इच्छा या वासना का रूप धारण कर लेता है। अवचेतन से चेतन तक संस्कार प्रत्यावर्तन की इस प्रक्रिया को ही मानस की संज्ञा दी गई है। मानस इसी कारण निरन्तर क्रियाशील रहता है क्योंकि विचार अबाध रूप से उत्पन्न व तिरोहित होते रहते हैं।

मानस तब इन विचारों को एक अन्तर (मस्तिष्कीय-प्रक्रिया) बुद्धि को प्रेषित करता है। बुद्धि निर्णय लेती है। वासनाओं का उत्प्रेषण और शरीर के विभिन्न उपांगों द्वारा उनका भावनात्मक प्राकट्य उसी प्रकार संभव होता है जैसे दूरभाष (फोन) संभालने वाला व्यक्ति संदेश सम्प्रेषित करता रहता है। वासना का उदय अवचेतन से होता है। जैसे इच्छित वस्तु खाने का विचार आते ही जीभ पर उसके स्वाद की, संगीत सुनने की इच्छा पर कानों में उसकी लय धुन की और समाचार पत्र पढ़ने की इच्छा से मन में आखों की एक वासना उत्पन्न हो जाती है और उसकी पूर्ति के लिए हम सक्रिय होने लगते हैं। इस प्रकार समग्र अन्तर्वृत्तियाँ सहयोग करती हैं। इसके विपरीत यदि किसी स्वाभाविक प्रक्रिया में विक्षेप होता है वो कह दिया जाता है, कि व्यक्ति का मानस विक्षिप्त है और वह समस्या मूलक मान लिया जाता है।

मानसिक शान्ति के लिए हमें किस चीज पर नियन्त्रण करना चाहिए, यह प्रश्न उठता हैं। वास्तव में हमें मन पर नहीं अपितु अपनी इन्द्रियों पर ही नियंत्रण आवश्यक है क्योंकि इनकी चंचलता से ही इच्छा अथवा वासना जागृत होती है और मन तो उसकी पूर्ति का एक साधन मात्र हैं।

कुछ वासनाओं की पूर्ति तत्काल, कुछ की समयोपरान्त हो जाती है, पर कुछ ऐसी भी हैं जिनकी पूर्ति कभी नहीं हो पाती। इस प्रकार की अतृप्त वासनाएँ बार बार प्रकट होती हैं और उनकी अतृप्ति कष्ट कारक होती है। तब वे अवचेतन में चली जाती हैं और कभी कभी रात्रि में स्वप्नरूप में प्रकट होती हैं।

उदाहरणार्थ आपकी इच्छा हिमालय पर्वतारोहण की है, किन्तु न तो आपके पास पर्याप्त समय है, न साथ और न ही साधन, अत: आपकी इस इच्छा पूर्ति में बाधा आती है। तब स्वप्न में आप अपने को हिमालय पर साधनसहित चढ़ते हुए देखते हैं और प्रसन्नता अनुभव करते हैं, पर अचानक जैसे आपका हाथ एक चट्टान पर फिसल जाता है और आप अपने को गहरे खड्डे में गिरते अनुभव करते हैं। इस भयावह स्थिति में आपको पसीना छूटता है, आँखें मुंद जाती हैं और

स्वप्नभंग होते ही आपको वास्तविक स्थिति का ज्ञान होता है । इसी प्रकार यदि सजगरुप से किसी इच्छा की पूर्ति नहीं होती तो अवचेतन मन में उसकी पुर्ति होती रहती है । अतएव मन को नहीं, इन्द्रियों को वश में करना आवश्यक हैं । इन्द्रिय नियंत्रण से मन का नियंत्रण तो स्वतः हो जाता है । ऐसी वस्तु की जो अप्राप्य हो कल्पना भी नहीं करना चाहिए, यही इन्द्रिय निग्रह है ।

चेतना तो एक ही होती है, जो एक प्रकाश चक्र के समान आत्मा को आलोकित करती है । चेतना तो सजगता का स्वरूप है, पर हमारा अज्ञान इसे अचेतन, अवचेतन, चैतन्य और अतिचेतना के विभिन्न स्तरो में विभाजित कर देता है । इन विभिन्न स्तरों का अन्तर भी समझ लेना चाहिए । पर अन्ततः वे एक ही वृत्ति के भिन्न रूप हैं, यह नहीं भूलना चाहिए । प्रेम अल्पमात्रा में हो या अधिक मात्रा में प्रेम हैं, विष की एक बूँद हो या एक लीटर, विष है; आग चाहे चिनगारी हो अथवा वाडवग्नि,आग ही है । इन में मात्रा का फर्क हो सकता है,पर गुण का नहीं । इसी प्रकार विभिन्न रूपों में चेतना का भी मूल स्वरूप एक ही है । हमारे अचेतन में वह सब सुषुप्तावस्था में है जो समय के अन्तराल में पीछे छूट गया है । वह हमारे विगत और अज्ञात जीवन से सम्बद्ध है । वह बाग में उस गड्ढे खोदने के समान है जिसमे पता नही क्या निकले । इसमें सोना भी हो सकता है, पत्थर भी अथवा बिच्छुओं का बिल भी । धरती के गर्भ में क्या है, किसे मालूम? ऐसे ही अचेतन मन गोपनीय होता है । योग से अचेतन मानस का परिष्कार होता है ।

कभी कभी अपने कार्य व्यवहार से आप स्वयं चकित होते हैं सोचते हैं, कि मेरी तो ऐसी वृत्ति नहीं है, आज के इस विचार व्यवहार का क्या कारण है? तात्पर्य यही है कि इसके पीछे आपके अचेतन मन के उस गुप्त गह्वर में छिपी भावना से है, जो स्वयं आपसे अज्ञात है ।

अवचेतन चेतना का वह भाग है, जो जन्म के पश्चात आपके साथ है । इसलिए बालकों के सम्मुख कुछ बातें वर्जनीय हैं क्योंकि वे उनके अवचेतन में संग्रहीत हो जाती हैं । इस में व्यक्ति के समस्त कार्य, भावनाएँ, दृश्य और प्रभाव एकत्रत होते रहते हैं । तदुपरांत उपयुक्त अवसर पाकर ये सब बाहर फूट पड़ते हैं और व्यक्ति को विशेष कार्य-व्यवहार के लिए प्रेरित करते हैं ।

चेतना हमारी वर्तमान स्थिति है। यह सजगता और सक्रियता का प्रतीक है। किन्तु मेरी दृष्टि में लोग २०प्रतिशत ही चेतना की स्थिति में रहते है। प्राय: ४० प्रतिशत तो नींद में चला जाता है, बाकी आधा अचेतन अथवा स्वचालित स्थिति के कार्यों में व्यतीत हो जाता है। निद्रा,जागरण, स्नान, भोजन आदि स्वभाविक, स्वचालित क्रियायें हैं। बस , रेल यात्रा आदि मे प्रारंभ और गन्तव्य के अतिरिक्त सजगता कम ही रहती है और मध्यान्तर में हम विभिन्न काल्पनिक विचारों में खोये रहते हैं। इस प्रकार कुछ लोगों की तो सजग चेतना केवल दस प्रतिशत तक रह जाती है और वे अधिकांशत: दिवास्वप्नों में ही लगें रहतें हैं।

ऐसी स्थिति में हठयोग की कुछ क्रियाओं के नियमित और निरन्तर अभ्यास से मनुष्य जो कुछ करता है अथवा जो भी उसके आस पास घटित हो रहा है, उसका ज्ञान रहता है। ऐसी क्रियाओं की मेरे द्वारा सम्पादित पद्धति के आठ विभाग हैं जिसमें सिद्धान्त और अभ्यास दोनों है। योग का क्षेत्र मात्र विचार और अभ्यास से विस्तृत है। योग में कठोर परिश्रम भी आता है। समाज सेवा हमारा कर्तव्य है। हमें यह विचार नही रखना चाहिए कि समाज हमारे लिए क्या करता है, अपितु यह कि हम समाज के लिए क्या कर सकते हैं। अत: योगी को चैतन्य, सजग, सक्रिय और कठोर परिश्रमी होना चाहिए। योगी का जीवन जीओ। योग सिद्धातों पर कार्य करो। स्वार्थी मत बनो। सदा निस्वार्थ कर्म करो। इसके लिए योगी को सामान्य से अलग बुद्धि और चेतना की आवश्यकता होती है।

केवल तर्क संगत बुद्धि तो स्वार्थ की ओर ले जाती है। बहुधा अनजाने में हमारे मन में गलत और निषिद्ध विचार आते रहते हैं। ऐसे विचारों का मूल कारण हमारा मोहपूर्ण स्वार्थ है। हम यह कह कर मन को समझा लेते हैं कि इस में क्या हानि है? कभी कभार ही ऐसी अवसर आते हैं, सदा तो नहीं। ऐसे में हम वर्जित कर्म करने के लोभ में फंस जाते हैं और हमारी समान्य बुद्धि हमें नहीं रोक पाती। इसीलिए बुद्धि का एक उच्चतर स्तर है जो 'विवेक' कहलाता है और ऐसे स्वार्थ पूर्ण अवसरों पर हमारा मार्गदर्शन करता है। विवेक ही तर्क संगत औचित्य का स्वरूप है। यह एक चाकू के समान है। जब हम चाकू से किसी वस्तु को काटते हैं तो उसका एक भाग एक ओर हो जाता है दूसरा उसके विपरीत दिशा में। इसी प्रकार विवेक किसी कार्य अथवा वस्तु की अच्छाई बुराई का भेद स्पष्ट कर देता है। वह हमें सद्कर्मों की ओर प्रेरित करता है।

योग शरीर, मन और आत्मा तीनों का सम्मिलित विज्ञान है । गणित के समान अभी इसमें भावी अन्वेषण, नियंत्रण की विपुल संभावनाएँ है । आत्म नियंत्रण उसी व्यक्ति को प्राप्त होता है जो भौतिक, मानसिक और आध्यत्मिक क्रियाओं का ज्ञाता है । इससे आत्मज्ञान की प्राप्ति होती है और मन सदा शान्त प्रसन्न रहता है । प्रत्येक शरीर धारी के जीवन में समस्यायें आती रहती हैं । सत्य कहें तो समस्यायें ही जीवन है और जीवन भी एक समस्या ही है । बिना समस्याओं के जीवन नीरस हो जाता है । समस्यायें हमें अनेक शिक्षाएँ और अनुभव प्रदान करती हैं, अन्त में समस्याओं का निदान हो जाता है ।

इस सम्बन्ध में एक कहानी है । एक किसान के घर उत्सव में बहुत से मेहमान आए । स्थानाभाव से एक के ठहरने की व्यवस्था ग्राम के छोर पर एक एकान्त मकान में की गई । उस व्यक्ति ने सुना कि इस मकान में प्रेत वास है । मन में आशंका होते हुए भी उसने वहाँ रहने का साहस कर लिया । रात्रि को एक कोने में रखी चद्दरों के ढेर से उसने ओढने के लिए एक चद्दर उठाली । रात्रि को अचानक चेत हो जाने पर चद्दरों के ढेर ने आशंका और भय से प्रेत का रूप धारण कर लिया । वह 'भूत, भूत' चिल्लाने लगा । लोग दौड़े और उसे द्वार खोलने को कहा पर भय के मारे वह उठ न सका । एक व्यक्ति ने किवाड़ उखाड़ा और दूसरों को प्रवेश करते देख वह भयभीत व्यक्ति बाहर भागा । अन्दर जाने पर भय और आशंका की भावना से चाद्दरों का ढेर अन्य लोगों को भी प्रेत ही दिखाई पड़ा । अन्त में एक योगी वहाँ आ गया और उस घटना की वास्तविकता के लिए ज्यों ही वह कमरें में गया, उसे चद्दरों के ढेर के अतिरिक्त कोइ प्रेत दिखाई नहीं दिया। अन्य लोगों के भय का भी उसने अपने साथ ले जाकर निवारण किया । अब तो उस प्रथम व्यक्ति को भी स्मरण हो गया कि उसने चद्दर वहीं से तो उठाई थी ।

अब प्रश्न यही उठता है कि प्रेत कौन था? कहां से आया? और कहाँ चला गया? उत्तर है कि हमारी अधिकांश समस्याएँ काल्पनिक हैं, वास्तविक नहीं और हम अकारण ही दु:खी होते हैं । ज्ञान के आलोक के साथ इन समस्याओं का स्वत: समाधान हो जाता है और हमारी मानसिक शान्ति हमें पुन: प्राप्त हो जाती है ।

समस्यायें हमें शिक्षा देती हैं। कुछ समस्याएँ व्यक्तिगत होती हैं। उन्हें हम इसलिए स्वीकार नहीं करते क्योंकि वे हमारी ही गलतियों का परिणाम हैं। हमारा अहं उन्हें स्वीकार ने में बाधक है। अपने अहं का परित्याग और अपनी गलती को स्वीकारना बहुत दुष्कर कार्य है।

योगी को इस सब पर चिन्तन करना चाहिए। उसे तो देवत्व, ज्ञान और स्वतंत्रता के हित में कार्य करना चाहिए। प्रत्येक व्यक्ति सुख के पीछे दौड़ता है। पर परिणाम उल्टा ही होता है। कोई यह नहीं सोचता कि यदि मैं ऐसा करूँगा तो और समस्यायें होंगी। हर व्यक्ति स्वयं को बुद्धिमान् समझता है। किन्तु कई बार यह बुद्धिमानी मूर्खता सिद्ध होती है। अधिक सावधानी और धैर्य से ही प्रश्न का समाधान होता है।

आँखे वस्तु का स्वरूप देखने के लिए हैं। दैनिक जीवन में उन्हें बन्द रखने की अपेक्षा उन्हें वस्तुओं के वास्तविक रूप को पहचानने में उपयोग करना चाहिए। इसी प्रकार कानों से अच्छा सुनो, किसी की बुराई नहीं। दुर्भाग्य से मानव प्रकृति पर छिद्रान्वेशी है। लोग अच्छे व्यक्तियों में भी दोष ही देखते हैं। दोष नहीं, गुण देखो। मधुमक्खी से शिक्षा लो, मक्खी से नहीं। मधुमक्खी किसी वस्तु से मधु संचय करती है पर मक्खी तो अच्छी और स्वच्छ वस्तु को भी अस्वच्छ ही करती है। यदि किसी के आँसू पोंछ न सको तो उसको रुलाओ तो नहीं। सबसे प्रेम करो। यदि किसी से प्रेम नहीं कर सकते तो घृणा तो मत करो। ऐसा करने पर तुम्हारी आत्मिक शक्तियों का अभ्युदय होगा। सदा गुरु में मन लगाए रखो। छोटी नदियाँ बड़ी में मिलकर समुद्र में समाहित हो जाती हैं। शिष्य छोटी और गुरु बड़ी नदी के समान हैं और ब्रह्म सागर रूप है। इस प्रकार गुरु के माध्यम से आप को आत्म स्वरूप का ज्ञान होगा।

योग के स्वरूप के विषय में यह केवल एक रूपरेखा है। मुझे प्रसन्नता है कि आप सब योगाभ्यास में रत हैं। योग एक प्रत्यक्ष मार्ग है, एक नियमित विज्ञान, और जब तक इसमें बुद्धि पूर्वक अनुशासित अभ्यास नहीं होता, प्रगति भी नहीं होती। मैं हृदय से इसी जीवन में आपकी सफलता की कामना करता हूँ। प्रत्येक योग पद्धति के लिए एक वस्तु अत्यावश्यक है और वह है प्रेमपूर्ण भक्ति। यदि भक्ति के बिना आपने योगाभ्यास किया तो वह बिना रस के नकली सेब के समान होगा। प्रेम से ही सब वस्तुओं में सरसता और निखार आता है। दिन में जो

कुछ हम करते हैं, वह सान्ध्य प्रार्थना से परिशुद्ध हो जाता है । प्रार्थना अपने प्रियतम के प्रति आपका वार्तालाप है । प्रार्थना के समय हम अपने आराध्य से हाथ पकड़ कर अपना भार उतरवा लेते हैं । भक्त का हृदय एक खिलते हुए पुष्प के समान है । प्रार्थना के समय सभी तनाव दूर हो जाते हैं । प्रभात कालीन प्रार्थना रात्रि संतापों को दूर कर देती है । भक्ति योग में व्यक्तिगत आराध्य से व्यक्ति गत मार्गदर्शन प्राप्त होता है । एक योगी—एक भक्त—अपने आराध्य देव को प्रेम, पीड़ा, चिन्ताएँ, लेन देन सबकुछ समर्पित कर देता है और वह ऐसा शरण स्थल है जहाँ वह निश्चिन्त होकर पूर्ण विश्राम और शान्ति का अनुभव करता है ।

पेड़ की पत्तियों, शाखाओं और समस्त पेड़ को सींचने के लिए केवल उसकी जड़ों को सींचना होता है । केवल पत्तियों, पुष्पों पर पानी छिड़कने से उसकी प्यास नहीं जाती । जड़ों का पानी समूचे पेड़ को स्वत: हरा भरा कर देता है । गुरु ही इस मानव वृक्ष की जड़ है । गुरु के माध्यम से ही वह सर्वत्र पहुंच कर सभी कर्तव्य करने में समर्थ होता है । तीन प्रकार के दैवी अवतार होते हैं । ब्रह्मा जो संसार की रचना करते हैं, विष्णु जो उसका पालन करते हैं और महेश जो उसका संहार करते हैं । सृजन, पालन और संहार की यह प्रक्रिया शाश्वत और निरन्तर है । इस प्रक्रिया से समस्त संसार प्रभावित है । इन्ही का नाम माया और गुण है । चौथी दैवी शक्ति गुरु रूप में है । 'गु' शब्द अंधकार और 'रु' प्रकाश का सूचक है । सामान्य व्यक्ति के लिए गुरु ही ब्रह्मास्वरूप है । वह ज्ञान की प्रेरक शक्ति है । विष्णु रूप में वह निषिद्ध वस्तुओं से रक्षा करता है और शिव रूप में वह हमारे पाप कर्मों का विनाश करता है । गुरु ही मोक्ष दाता होता है । संस्कृत सूक्ति के अनुसार—

गुरुर्ब्रह्मा, गुरुर्विष्णु, गुरुर्देवो महेश्वर:
गुरुर्साक्षात् परम् ब्रह्म: तस्मै श्री गुरवे नम: ॥

अर्थात् गुरु ही ब्रह्मा स्वरूप, गुरु ही विष्णु और गुरु ही महेश्वर रूप हैं । गुरु ही स्वयं परमात्म् स्वरूप होते हैं, अत एव ऐसे गुरु की मैं वन्दना करता हूँ । और एक उक्ति के अनुसार—

मोक्ष मूलं गुरु कृपा:
गुरु कृपा से ही मोक्ष की प्राप्ति होती है ।

प्रत्येक महान पुरुष को गुरु का मार्ग दर्शन मिला है। भगवान राम के गुरु वशिष्ठ, कृष्ण के संदीपन ऋषि और ईसा मसीह की गुरु स्वयं उनकी जागृत आत्मा थी।

महाप्रभु जी उसी प्रकार की एक महान विभूति थे। वे एक दैवी शक्ति-पुंज थे। अत: सदैव रात्रिकाल में मैं उनकी पूजा, प्रार्थना करता हूँ। वे मेरे हृदय के परम आराध्य हैं। जो कुछ मुझे प्राप्त हुआ है, वह उन्हीं की कृप्रा का फल है। बचपन में मैं अत्यन्त मात्सर्य युक्त था; न विद्यालय जाता था, न कुछ सीखने को तत्पर। घर वालों के विद्यालय भेजने पर मैं जंगल में निकल जाता और एक पेड़ पर बैठा रहता। गुरु ने ही मेरे जीवन का सही दिशा में निर्देशन किया। उनकी कृपा का ही यह सब आशीर्वाद, प्रसाद है। गुरु के द्वारा मेरे मस्तक पर कर स्पर्श से सद्‌वृतियों का खजाना खुल गया। इस प्रेम और उसके कल्याणकारी स्वरूप का मुझे अनुभव है। इसी कारण प्रति सन्ध्या प्रार्थना पूर्वक मैं अपने गुरु की अभ्यर्थना करता हूँ।

२. पातञ्जलि का राजयोग

(बेलग्रेड नगर में दिया गया व्याख्यान मई, १९८२ में)

प्रिय बन्धुओं एवं बहिनों! सुयोग्य प्रशिक्षकों के सान्निध्य में आप सब को योग में पर्याप्त ज्ञान लाभ हुआ है । जैसा कि आप जानते हैं कि अब योग के विषय में सारे विश्व में चर्चा है, किन्तु उसका प्रादुर्भाव भारत में ही हुआ । योगदर्शन बहुत प्रचीन है । भगवान शिव इसके प्रथम गुरु थे । भगवान् शिव हिन्दू धर्म के त्रिदेवों में से (जो परमतत्व के तीन स्वरूप है) प्रमुख और सनातन हैं ।

योग का लक्ष्य जीवन में आनन्द प्राप्ति है; इसके अनुसार प्रत्येक आत्मा और वस्तु में आनन्द का स्रोत है । सुख कौन नहीं चाहता? समस्त प्राणियों का यह परम लक्ष्य निर्दिष्ट है । पर अधिकांश लोग इसे बाह्य जगत में खोजते हैं और अन्त में निराशा ही उनके हाथ लगती है । योग यह नहीं है कि शीर्षासन कर लिया जावे अथवा शरीर स्वस्थ सुन्दर हो जावे । ये बातें तो योग का अंग मात्र हैं, कहा जाता है कि योग में सब गुण हैं और सभी गुणों का योग ही योग है, पर योग का वास्तविक लक्ष्य है—आन्तरिक शान्ति, आत्म-बोध, प्रकृति से सामंजस्य और इस प्रश्न का समाधान कि 'मैं कौन हूँ?' अपने आत्मस्वरूप के अभाव में ही प्राणी दुखी होता है; योग इस आत्म ज्ञान की ही सीढी है । आयुर्वेद जड़ी बूटियों के प्रयोग से रोग निवारक चिकित्सा प्रदान करता है । शारीरिक स्वास्थ्य ही इसका मुख्य उद्देश्य है । स्वस्थ व्यक्ति सभी अच्छी वस्तुएँ प्राप्त कर सकता है । अत: मानव विकास के लिए अच्छी स्वास्थ्य प्रथम आवश्यकता है । इसी निमित योग में शरीर के कुछ विशिष्ट आसनों का विधान है । आसन शारीरिक अभ्यास के साथ मनोनिग्रह के भी साधन हैं । भारत में मानसिक एकाग्रता के लिए ही उनकी विशेष साधना की जाती है । मेरी दृष्टि में एक साधक को प्रारंभ में ही अत्यन्त क्लिष्ट आसनों का अभ्यास नहीं करना चाहिए । उसे तो एक पादप के समान धैर्य पूर्वक विकास करना चाहिए ।

योग की विभिन्न पद्धतियाँ हैं । प्रत्येक पद्धति में भिन्न विचारधारायें, क्रिया-कलाप और अनुभव साधनाएँ हैं । जिज्ञासु को वही पद्धति अपनानी चाहिए जो शरीर,

स्वभाव और सुविधा से उसके अनुकूल हो । यदि ऐसा नहीं है तो आप को उससे लाभ के विपरीत हानि हो सकती है । एक योग प्रशिक्षक से बात करने पर ज्ञात हुआ कि लोग प्रशिक्षण में नियमित नहीं हैं, उन्हें विशेष प्रगति लाभ नहीं मिल रहा और उनमें निराशा है । ऐसा अनुभव प्रारंभ में मुझे भी हुआ था । मैने भी समस्त योग क्रियायें एक साथ सिखना चाही, पर इसमें प्रशिक्षुओं की संख्या में कमी ही हुई । विचार करने पर मुझे अपनी भूल का आभास हुआ कि मैं सभी को अपना सारा ज्ञान एक साथ ही सिखाना चाहता हूँ जो संभव नहीं है । एक छोटे शिशु को हम एक ही बार में अखरोट अथवा कठोर खाद्य नहीं खिला सकते । सबकुछ अध्यवसाय, धैर्य पूर्वक व समय-साध्य ही हो सकता है, अतिशीघ्रता से नहीं ।

पाश्चात्य लोगों के साथ मूल समस्य यह है कि जब वे आसन प्राणायाम की सचित्र योग पुस्तक देखते हैं तो तत्काल ही स्वयं वे सब कर लेना चाहते हैं । प्रशिक्षक से भी उनका प्रश्न यही होता है कि वे कितना शीघ्र इन सब को सीख सकते हैं । इसमें कितना धन व्यय होगा? पर यह एक भ्रम है । योग एक मोटर, रेल या वायुयान नहीं जो अतिशीघ्र आपको गन्तव्य स्थल पहुँचा दे । यह तो एक ऐसा मार्ग है, जो जीवन पर्यंत आप को स्थायी रूप से पथ प्रदर्शन करता है । इसके चरम लक्ष्य तो आन्तरिक शान्ति, ज्ञान और निरुद्वेग हैं । इसके विपरीत कुछ लोग इसे सुन्दरता और स्वास्थ्यलाभ, मोटापा कम करने या शरीर सौष्ठव का साधन ही मान बैठते हैं । बात दूसरी है । इन्ही विचारों के अनुरूप दैनिक जीवन में योग नाम से मैने एक नवीन पद्धति अपनाई है । इसके आठ स्तर हैं और प्रत्येक स्तर की सिद्धि के लिए कम से कम तीन महीने का समय देना पड़ता है । इसी कारण वियेना आश्रम में अब प्रारंभिक स्तर के अभ्यासार्थियों के लिए स्थानाभाव हो गया है क्योंकि वे अग्रिम स्तर साधकों का साथ नहीं निभा सकते । कुछ लोग अभ्यासरत अवस्था में भी आते हैं, पर उनकी साधना केवल कुछ शारीरिक आसनों तक ही सीमित होती है । उनका शरीर और मन साधना की अनुकूल स्थिति में नहीं होता और उन्हें पुन: नियमित अभ्यास से उसके लिए तैयार करना पड़ता है । पर्वत पर चढ़ना मोहक हो सकता है, पर आपको कहां से प्रारंभ कर किस प्रकार चढ़ाई करना है यह ज्ञान आवश्यक है । सीधे ही आप शिखर पर नहीं पहुँच सकते । अत: योगाभ्यास में व्यवस्था क्रम का बड़ा महत्व

है । योग का अर्थ ही व्यक्ति का समष्टि के साथ संयोजन नियमन है । इसके निमित्त समयसाध्य और क्रमिक अभ्यास की आवश्यकता है ।

योग की कल्पना के साथ राज योग का विचार उभरता है । ऋषि पातंजल ने योग शास्त्र को अपने योग सूत्रों के अनुसार चार भागों में विभक्त किया है—भक्ति योग, राज योग, ज्ञान योग और कर्म योग । किन्तु राज योग में इन सबका समावेश हो जाता है । राज योग के आठ स्तर हैं । आशय यह है कि चित्तका विकास आठ स्थितियों में से होकर विकसित होती है । योग सूत्र के प्रारंभ में ही इनका उल्लेख इस प्रकार है —

यम, नियम,आसन, प्राणायाम, प्रत्याहार, ध्यान, धारणा और समाधि । कहा गया है — अथ योग अनुशासनम् अर्थात्—योगसाधना के लिए अनुशासन परमावश्यक है । इसके बिना सफलता नहीं । इसके लिए भोजन, निद्रा, योगाभ्यास की अवधि, आदि का नियमन करना पड़ता है । इसके बिना सिद्धि नहीं । यही अनुशासन कहलाता है ।

पातंजल का दूसरा सिद्धान्त है—

योगः सः चित्तवृति निरोध : ॥

तात्पर्य है कि जब आपकी चित्तवृतियों पर नियंत्रण हो जाता है, तभी योग का प्रांरभ होता है। चित्त चेतना का प्रतीक है और वृतियाँ विचारों और गतिविधियों का आन्दोलन-स्पन्दन । इन सब पर नियन्त्रण आवश्यक है ।

आज के युग में सर्वत्र तनाव और शीघ्रता हैं । सभी कहते हैं, एक क्षण की भी फुर्सत नहीं । आप प्रात: ध्यान में अवस्थित होते हैं पर विचार और मन अस्थिर और अन्यत्र हो जाते हैं । इससे योग साधना में व्यवधान उपस्थित होता है । पातंजलि ने इसका निराकरण यम-नियम सिद्धान्त से किया है । यह एक प्रकार की आध्यात्मिक तैयारी है । इनके भी पाँच-पाँच विभाग होते हैं और समझने पर ज्ञात होता है कि यह विद्या केवल योगियों, स्वामियों के लिए ही नहीं, अपितु समाज के आन्तरिक वर्गो-विशेषकर गृहस्थों के लिए भी उपयोगी है ।

यम का प्रथम उपांग अहिंसा है जिसके अनुसार किसी प्राणी का अहित न हो । वर्तमान भारत के महान मनीषी महात्मा गान्धी का यह प्रमुख अस्त्र वाद था । अहिंसा का अर्थ प्रेम है । प्रेम की भावना ही दूसरों के अहित से बचाती है।

हिंसा तो चोट पहुँचाती है। अहिंसा समस्त जीवन में व्याप्त होनी चाहिए। अहिंसा के स्वरूप को समझना आवश्यक है। मनुष्य की तीन सामान्य क्रियायें हैं— मानसिक, शारीरिक और वाचिक। शरीर पर निग्रह के लिए पहले मन पर निग्रह करना पड़ता है। मानव मन एक अति क्लिष्ट प्रक्रिया है। हानि पहुँचाने वाले के प्रति मन में बदले की भावना जन्म लेती है। विचार क्रिया में बदलता है और हमें औचित्य का भान नहीं रहता। इस प्रकार विचार ही क्रिया के जनक होते हैं। इसी प्रकार वाणी का भी प्रभाव होता है। शब्द ब्रह्म कहलाता है। अपशब्द का उच्चारण न करो। अप्रिय शब्द न बोलो। मनुष्य जैसा सोचता है वैसा ही बोलता है। भगवान् श्री दीप नारायण कहते थे—चाकू का घाव भर जाता है, पर बोली का घाव नहीं भरता। कटु वचन सदैव व्यक्ति के मन में खटकते हैं। आपके मुँह से निकला प्रत्येक शब्द मधुर, प्रिय और पुष्प के समान कोमल होना चाहिए। इससे अन्दर बाहर शीतल शान्त होता है। दूसरे भी प्रसन्न होते हैं और आप स्वयं भी। कर्म के ये तीनों प्रकार, विचार, वाणी और क्रिया—विशुद्ध होने पर आप दूसरों के प्रिय भाजन हो सकते हैं, अन्यथा नहीं। अतः सबका प्रेम प्राप्त करने के लिए इन पर नियंत्रण करो।

यम का दूसरा अंग है ब्रह्मचर्य जिसके तीन बिन्दु हैं। प्रथम काम वासना से मुक्ति है। गृहस्थों के लिए यह कठोर साधना है। दूसरा बिन्दु शिष्यत्व ग्रहण करना है। पातंजलि के अनुसार प्रारंभ के २५ वर्षों तक ब्रह्मचर्य साधना करना चाहिए। यह जीवन की तैयारी और विकास का काल है। विवाह बन्धन में तभी बन्धना चाहिए जब आप आर्थिक रूप से स्वतन्त्र होकर अपने जीवन साथी का भरण पोषण कर सको। किन्तु आज स्थिति इसके विपरीत है। आज युवक ब्रह्मचर्य के महत्व को भूल रहे हैं। सिनेमा-टेलिविजन जैसे माध्यम उनके मन में अल्पायु में ही कामवासना जागृत कर उन्हें पथभ्रष्ट कर रहे हैं, जिससे वे शारीरिक, मानसिक रूप से निर्बल और अनेक रोगों के शिकार हो रहे हैं। स्मरणशक्ति कमजोर होने से वे परीक्षाएँ पास नहीं कर पाते और उनके स्वाभाव में चिड़चिड़ापन और रात को अनिद्रा हो जाती है। प्राचीन भारतीय जीवन पद्धति के अनुसार इसीलिए जीवन के प्रांरभिक क्रम में शारीरिक और मानसिक विकास के लिए आयु के २५ वर्षों तक ब्रह्मचर्य व्रत का पालन किया जाता था। धूम्रपान, मदिरा सेवन और काम वासना से मस्तिष्क की हानि होती है। आज के जीवन में भी कम से कम २०

वर्ष की आयु तक तो ब्रह्मचर्य का पालन करना ही चाहिए । इसमें कठिनाई अवश्य है, किन्तु स्वस्थ और सफल भावी जीवन के लिए यह अनिवार्य है । 'ब्रह्म' का अर्थ परमसत्ता और 'चर्य' का क्रिया है; अतः ब्रह्मचर्य शब्द से ऐसे जीवन की ओर संकेत है जो ईश्वरीय मार्ग पर आरूढ़ हो । ईश्वर भक्त विश्वासी व्यक्ति दुर्व्यसनों से दूर ही रहता है । उसकी बुद्धि तो बुराइयों से हट कर सद्गुणों में ही लगी रहती है । इसीलिए पति पत्नी के जीवन का आधार भी वासना पूर्ति न होकर एक नैसर्गिक प्रेम भावना है । यह बात प्रारभ में कठिन लगती है पर निरन्तर अभ्यास से यह सहज संभव हो जाती है । यम का तीसरा अंग 'सत्य' के प्रति प्रेम और आस्था है । सत्य वचन भी सरल नहीं है । कई बार सत्य बोल पाने के साहस के अभाव में व्यक्ति झूठ बोल जाता है और आन्तरिक शान्ति, शक्ति और साहस का अभाव हो जाता है । उस के प्रति दूसरों का विश्वास भी उठ जाता है । अतः मेरे गुरुजी के आदेश के अनुसार यह बात सोचकर सत्य ही बोलना चाहिए कि सत्य को कठोर वाणी में न बोलकर उसे मधुर स्वरूप प्रदान कर देना अधिक उपयुक्त है । कठोर सत्य से लोगों की भावना आहत होती है और यह अहिंसा के सिद्धांत के अनुकूल नहीं । सत्य शाश्वत होता है और असत्य क्षणजीवी; अन्त में सत्य तो प्रकट होगा; अतः असत्य के आवरण को प्रारंभ में ही हटा देने पर बाद में पश्चाताप करने की संभावना समाप्त हो जाती है ।

यम का चौथा अंग 'अस्तेय है' । इसका शाब्दिक अर्थ चोरी ना करना है । पर चोरी केवल वस्तु की ही नहीं, भावनाओं और विचारों की भी हो सकती है और वह भी त्याज्य है । इस प्रकार योग साधना बहुत कठिन है पर सत्य प्रारंभ में ही कहना श्रेयस्कर है । सुख, सन्तोष ओर शान्ति के लिए योग ही एक मार्ग है और उस पर सत्यनिष्ठा से चलने में कठिनाई तो अवश्य होगाी । योग मार्ग में अग्रसर होने के लिए किसी के दोषों को मत देखो । गुलाब के पुष्प में काँटे भी होते है, पर इससे उसके सौंदर्य, कोमलता और सुगन्ध में कमी नही आती । इसी प्रकार दूसरो के गुणों को ही देखना चाहिए । यह दृष्टिकोण भी निरन्तर अभ्यास से साध्य है । साधक को दूसरों के दोष देखने की अपेक्षा आत्म नियंत्रण और विवेक परमावश्यक हैं । यम का पांचवाँ अंग है 'अपरिग्रह' अर्थतः संग्रह न करना । धन-सम्पत्ति संग्रह के पीछे लोग दीवाने हैं । वे यह नही सोचते कि समस्त भौतिक सम्पत्ति तो नाशवान् और अस्थिर है । चोर उसे चुरा सकता

है, दूसरे उसे छीन सकते हैं। यह तो चिन्ता ओर अशान्ति का कारण ही बनती है। पर ज़रा सोचिये तो! मृत्यु के समय क्या साथ ले जाया जा सकता है? यह शरीर तक तो साथ नहीं जा सकता। सिकंन्दर और रावण जैसे शक्तिशाली सम्राटों को भी अन्त में खाली हाथ ही जाना पड़ा, यह तथ्य कभी न भूलना चाहिये। धनवान की अपेक्षा गरीब अधिक निश्चिन्त रहता है। योग में ध्यान के केन्द्रित करने पर विशेष बल है और भौतिक सम्पत्ति में लिप्त व्यक्ति का ध्यान तो उसी में रहेगा, ध्यान में केन्द्रित नहीं हो सकता। किन्तु इसका यह तात्पर्य भी नहीं कि गरीबी अच्छी है। भोजन-आवास की व्यवस्था तो शान्त सुखी जीवन के लिए आवश्यक है। सामान्य सुविधाएँ भी वर्ज्य नहीं, पर उनके प्रति आसक्ति का भाव नहीं होना चाहिए। सुखी जीवन का मूल मंत्र तो सन्तोष है। कहावत है कि 'सन्तोषम् परमं सुखं' अर्थात सन्तोषी नर सदा सुखी रहता है। संतोष न रहने पर दुःख स्वयं सिद्ध है। अधिक संपत्ति तो माया जाल ही है, जिसमें हम उलझते ही जाते हैं। 'यम' के यही पाँच अंग है।

दूसरा सिद्धान्त 'नियम' है। यह अधिक आन्तरिक प्रकृति का होता है। इंस का प्रथम अंग 'शौच' है। शौच का अर्थ शुद्धि-सफाई होता है। योगी के लिए शुद्धि और पवित्रता परमावश्यक है। शरीर और वस्त्रों की स्वच्छता के साथ आंतरिक स्वच्छता भी आवश्यक है। इसके लिए ६ हठयोग क्रियायें होती हैं। पातंजलि ने केवल शारीरिक स्वच्छता और मार्जन के अतिरिक्त अन्तःप्रवृतियों—यथा विचार, भावनाओं, मन, वचन और कर्म की शुद्धता पर भी जोर दिया है। योगी का अन्तःकरण शुद्ध होना चाहिए। इसके बिना योग में प्रगति संभव नहीं। अतः एक हीरे के समान बाहर भीतर से शुद्ध बनो।

दूसरा अंग सन्तोष है जिसका ऊपर उल्लेख हो चुका है। हमें जीवन को सहज रूपसे स्वीकारना चाहिएः जो कुछ प्राप्त है वही पर्याप्त है, यह दृष्टिकोण होना चाहिए, इसके लिए नियम का तीसरा अंग 'तपस्' बड़ा सहायक है। तपस् का अर्थ त्याग और कठोर जीवन है। लोग थोड़े से दाँत-दर्द से घबरा उठते है, भूख से आतुर हो जाते हैं। इन पीडादायक स्थितियों में भी स्वाभाविक रहना चाहिए। तपस् से आन्तरिक बेचैनी दूर होती है। अनुकूल और विपरीत स्थितियों में समान सहज रहना ही समत्व बोध या स्थित प्रज्ञा है। इसके लिए स्वाध्याय ही एक उपाय है। स्वाध्याय से तात्पर्य ज्ञानवर्द्धक पुस्तकों के पठन-मनन

से है । अधिक पुस्तकें पढ़ने से ही अधिक ज्ञान नहीं होता । जो कुछ पढ़ो उसे बिन्दुवार मनन करो और उस पर आचरण भी करो । जासूसी उपन्यास अथवा अपराधिक कथा पुस्तकों से बचना चाहिए क्योंकि उनसे मन:स्थिति दूषित होती है । महापुरुषों, योगीजनों एवं आप्त पुरुषों की जीवनियाँ प्रेरक लाभप्रद होती हैं । उनसे जीवन में विपदाओं से संघर्ष, सत्य, न्याय के प्रति निष्ठा, साहस व शक्ति के विचारों का संचार होगा । योग की पुस्तकें इस दिशा में अत्यन्त प्रेरक हैं । योग के चमत्कारों पर तो शुरु में विश्वास ही नहीं होता । मेरे गुरु महाप्रभु जी की आँख की शल्य चिकित्सा के अढाई घंटे तक चलने पर भी उन्होंने स्नायुशून्य करने की कोई दवा नहीं ली, और उन्हें कोई कष्ट न हुआ । योगी तो मृतप्राय: व्यक्ति को भी अपनी शक्तियों से जीवित कर देते हैं, जिसके प्रत्यक्ष अनुभव लोगों को हुए हैं । यदि इस पर कोई विश्वास नहीं करता तो उसे यह अनुभव कभी हो भी नहीं सकता । इस आन्तरिक विश्वास की प्राप्ति के लिए पातंजलि 'नियमा ईश्वरा प्राणिधान' का सिद्धान्त बताते हैं जिसका मतलब है 'परमेश्वर के प्रति विश्वास पूर्ण समर्पण ।' स्वयं में विश्वास, गुरु में विश्वास, अपने मार्ग में विश्वास और असाधारण शक्तियों में विश्वास ही सफलता का मार्ग है । विश्वास आपके लिए प्रेम, आनन्द और प्रेरणा का पथ प्रशस्त करेगा और इसके बाद ऐसा कुछ भी नहीं जो असंभव हो । यद्यपि यह पद्धति विभिन्न अंगों में विभक्त है, पर इसका यह तात्पर्य नहीं कि प्रत्येक अंग के लिए अलग-अलग बहुत समय लगाना पड़े । इसके विपरीत यम नियम आदि सिद्धान्तों की एक साथ ही साधना की जा सकती है । पातंजली का तीसरा सिद्धांत 'आसन' है । आसन का यहाँ अर्थ है 'यौगिक' पद्धति से बैठने की स्थिति । इसमें ध्यान केन्द्रित होता है क्योंकि शारीरिक हलचल से ध्यान विखण्डित हो जाता है । बहुत से साधकों के लिए इसमें कठिनाई आती है । एक ही स्थिति में उनके हाथ, पैर, कमर दुखने लगते हैं । पानी के गिलास को हिलाने पर उसमे कम्पन होने लगता है । एक स्थान पर पड़ा रहने पर पानी भी स्थिर हो जाता है । इसी प्रकार शरीर अस्थिर होने पर ध्यान नहीं लगता और ऐसे में योग साधना नहीं हो सकती । अत: हमें हठयोग के आसन सीखने पड़ते हैं जिससे शरीर लचीला और स्वस्थ होता है और हम लम्बे समय तक बैठ सकते हैं । घंटों तक मूर्तिवत् बैठे रहने का अभ्यास लोग करते हैं । तब मन शान्त हो जाता है और यह शान्ति, आनन्द और शक्ति आपको सन्तोष प्रदान करती है ।

आपको देखने वाले के मन में भी एक शान्ति, प्रसन्नता और शक्ति का भाव उत्पन्न होता है। पातंजलि के अनुसार आसनों का यही महत्व है। योग में विभिन्न योनियों के समान ८४ लाख आसन होते हैं। इसी कारण कई आसन प्राणियों के नाम पर हैं जैसे मार्जरी आसन, व्याघ्र, भुजंग, शलभ, उष्ट्रासन आदि। योगी ८४ आसनों में दक्ष होता है। वह पद्मासन, सिद्धासन अथवा सुखासन जैसी योग स्थितियों में बैठ सकता है। इससे योग साधना और सिद्धि मे सहायता मिलती है।

पातंजलिका चौथा सिद्धान्त प्राणायाम है। प्राण शक्ति और जीवन का नाम है। इससे जीवन में सामंजस्य उत्पन्न होता है। सूक्ष्म प्राण समस्त ब्रह्माण्ड में व्याप्त है। प्रत्येक ग्रह पर प्राण तत्व है, जिसके स्वरूप भिन्न है। प्राणायाम प्राणतत्व को श्वास के साथ संयोजन करने का नाम है। प्राणायाम के विभिन्न प्रकार है। यथा नाड़ी शोधन , भ्रामरी, उज्जायी, शीतली, शीतकारी; किन्तु राजयोग के अनुसार यह वास्तविक प्राणयाम नहीं है। ये तो श्वास क्रियायें हैं जिनसे स्नायुतंत्र और श्वास अंग पुष्ट होते हैं। राजयोग के अनुसार प्राणायाम के तीन अंग हैं—पूरक, कुंभक और रेचक जिनके अर्थ क्रमश: श्वास लेना, धारण करना और पुन: छोड़ना होता है। प्राणायाम के बिना योगाभ्यास पूर्ण नहीं होता है। यह आसनों से अधिक महत्वपूर्ण है क्योंकि इसी के द्वारा शक्ति का संचय अपचय होता है। जन्म से मृत्यृ तक श्वास प्रक्रिया निरंतर चलती रहती है। प्राणायम के द्वारा जीवन दीर्घ ओर स्वस्थ होता है, क्योंकि इससे आन्तरिक अंग-प्रत्यंगों को अभ्यास और विश्राम मिलता है और शरीरतन्त्र, स्वच्छ व स्फूर्तियुक्त रहता है। उसमें नई शक्ति का संचार होता है। अत: इसका अभ्यास बहुत आवश्यक है। इसके नियमित और सही अभ्यास के अभाव में यह हानिप्रद भी सिद्ध हो सकता है, अत: इसके प्रयोग में सावधानी बरतनी चाहिए। इससे यह अर्थ तो नहीं कि योग खतरनाक है। हानि तो तब होती है जब नियम प्रतिकूल और गलत अभ्यास से किया गया हो। उदाहरणार्थ अधिक विकसित आसनों को प्रारंभ में ही बिना उपयुक्त नियमों को प्रारंभ कर देने से हानि संभव है; अतएव दक्ष और योग्य गुरु के निर्देशन में ही इन का अभ्यास करना चाहिए। पातंजलि के अनुसार प्राणतत्व के विभिन्न गुणों से युक्त १० प्रकार होते है। पाँच प्राण इस

प्रकार हैं — १. प्राण - श्वास की प्रक्रिया; २. अपान - उत्सर्जन तंत्र; ३. उदान - भोजन नलिका में पाचन किंया; ४. समान - पाचन की प्राणाली; ५. व्यान - जोड़ों के माध्यम से समस्त शरीर का संचालन ।

पाँच उप प्राण हैं—नाग, कुर्म (आखों का स्पन्दन),देवदत्त (जंभाई),कर्कल (छींकना), धनञ्जय (वायु तत्व) जो शरीर में शक्ति संचार करता है । उप प्राण प्राण से सूक्ष्मतर है । स्वाभाविक शारीरिक क्रियाओं को आकस्मिक रूप से रोकना उचित नहीं । छींक आने के समय शिष्टता के विचार से उसे रोक लेते हैं, पर यह हानिप्रद है । शिष्टाचार निर्वाह के लिए रुमाल आदि के साधन उपयोगी हैं, पर प्राकृतिक उद्वेगों के प्रवाह को तत्क्षण रोक देना भी उचित नहीं, उनका प्रकाशन सही रीति से कर देने में कोई हानि नहीं । सूक्ष्म प्राण का प्रवाह तो निरन्तर और अनजाने चलता ही रहता है । इसमें व्यतिक्रम उत्पन्न होने पर ही इसका आभास होता है । अचानक सिंह के प्रकट होने पर यात्री भयभीत और स्तंभित हो जाता है । यह राजस गुण का संकेत है । शुभ समाचार से प्रसन्नता और अशुभ से पीड़ा होती है । अत: योगी को शान्त सन्तुष्ट रहना चाहिए । व्यक्ति जितना शान्त होता है, प्राण उतना ही सशक्त होता है । इस प्रकार के निरन्तर अभ्यास और शक्ति संचय से रोग निवारण तक की क्षमता उतपन्न हो सकती है । हथेलियों की विभिन्न क्रियाओं से एक प्रकार का विद्युत् प्रवाह उत्पन्न होती है । इसा मसीह जैसे महापुरुषों में यही स्पर्शशक्ति रोग निवारण का कार्य करती थी । प्राणशक्ति पर भोजन का विशेष प्रभाव होता है । कहा भी गया है — जैसे खावे अन्न, वैसा होवे मन्न । भोजन से कुछ प्राण तत्व जो गुण कहलाते हैं, विशेष रूप से प्रभावित होते हैं— गुण मुख्यत: तीन हैं —सत्व, राजस और तमस् । तमस गुण के स्वरूप सुस्ती, नींद और अज्ञान हैं । यह बासी भोजन से उत्पन्न होता है । राजस गुण क्रोध और आक्रामक भावना का सूचक है । शान्ति, स्वच्छता, पवित्रता, सन्तोष और मानसिक सन्तुलन सत्वगुण के परिचायक हैं । योगी के लिए शाकाहारी भोजन—फल, सुपाच्य अन्न, दूध, सलाद आदि उपयुक्त । है कहावत है कि योगी सदा भूखा रहता है जिसका अर्थ यही है कि वह ऐसा हलका भोजन करता है कि उसका पेट खाली के समान रहता है । इससे उसके मन, प्राण, शरीर सभी हल्के और स्फुर्तियुक्त रहते हैं । अत: ठूस ठूस कर पेट नहीं भरना चाहिए । कहते हैं आधा पेट भोजन करो, उससे आधा जल पीओ और एक चौथाई खाली रहने

दो । उत्सवों, महफिलों में पेट भर खाकर लोग बीमार पड़ते हैं । इसे चम्मच से आत्मघात की संज्ञा दी गई है । अत: सात्विक प्राण तत्व के हित में हल्का और सीमित संयमित भोजन करना ही श्रेयस्कर है । योगी के वस्त्र भी हलके, सादे रंगो के और ढीले होने चाहिएँ । अधिक तड़क भड़क, कसे हुए और कृत्रिम रेशे से बने वस्त्र शरीर को स्वच्छ हवा से वंचित कर मन को भी कुत्सित करते हैं । अतएव योग साधना में अभ्यास के साथ भोजन, संगति, वस्त्र आदि बाह्य वातावरण का भी बड़ा प्रभाव होता है । सफलता के लिए परिश्रम और निरन्तर अभ्यास की आवश्यकता है । शुद्ध आहार, सत्संगति, योगानुशासन सभी आवश्यक है । मोटर संचालन के लिए पेट्रोल, बैटरी और ड्राइवर सभी आवश्यक हैं; एक के भी अभाव में उसका संचालन संभव नहीं । एक घंटे के अभ्यास से कोई योगी नहीं बन जाता । उसके लिए तो जीवनभर साधना करनी होती है; उसमें समय, स्थान और क्रिया गौण हैं, एक ही मार्ग पर सम्पूर्ण आस्था से चलना होता है । गुरु आज्ञा का पालन आवश्यक है । अन्यथा प्रगति नहीं होती । इसके विषय में एक कहानी है । एक शिष्य को गुरु में सम्पूर्ण आस्था नहीं थी । उसने कई गुरु बनाए और सैद्धान्तिक क्रियायें करता रहा, पर विश्वास के अभाव में सफलता न मिली । पुन: प्रथम गुरु द्वारा आस्था का मार्ग अपनाने के उपदेश और उसके परिपालन से सफलता का मार्ग खुल गया ।

प्राणायाम के उपरान्त 'प्रत्याहार' आता है । इसका अर्थ समस्त वृत्तियों को अन्तर्मुखी करना है क्योंकि बाह्य जगत की क्रियायें हमें उद्वेलित करती रहती हैं, किन्तु इससे यह तात्पर्य नहीं कि बाह्य क्रियाओं से हम पूर्ण अनजान होकर मार्ग से भटक जावें । मानव की अन्त:वृत्तियों में शक्तियों का भंडार छुपा हैं; इसके उद्घाटन के लिए प्रत्याहार साधन की आवश्यकता है । इससे अगला बिन्दु 'धारणा' है जिसका अर्थ है ध्यान का केन्द्रीकरण । इसके अभ्यास के लिए सीधे खड़े होकर, हाथ जोड़कर दाहिने पैर को बांई जंघा पर स्थिर करो और नेत्र मूँद कर एक पैर पर खड़े होने की साधना कई देर तक करने से सिद्ध होता है । इसी प्रकार बैठने की मुद्रा में एक गुलाब पुष्प का ध्यान करो और देखो कि कितने समय तक आपका ध्यान उस पर केन्द्रित रहता है । ऐसे प्रयोग से ध्यान केन्द्र का अभ्यास होगा जिसके अभाव में योग साधन असंभव है । शरीर में विभिन्न केन्द्र बिन्दु हैं, ६४ क्रियाओं से उन्हें जागृत किया जा सकता है । इस अभ्यास से शरीर

में शक्ति और प्रकाश का स्फुरण होता है । मन एक ब्रह्माण्डीय लय में स्थित होकर शान्ति और आनन्दमय हो उठता है । ध्यान का प्रारंभ ऐसी ही स्थिति से होता है । इससे अगली स्थिति 'ध्यान' की ही आती है । ध्यान के साथ ही ब्रह्म एकात्मभाव उत्पन्न होता है ।

ध्यान से ही नाड़ी जागरण होकर प्राण और अपान वायु मणिपूर चक्र में समाहित होती हैं और सुषुम्ना में आरूढ़ होकर 'कुण्डलिनी' शक्ति को जागृत करती हैं जिससे योगी को वैश्विक शक्तियों के संग्रह-आकर्षण से 'आनन्द' की स्थिति प्राप्त होती है । इस स्थिति में हजारों चींटियों के रेंगने का सा शरीरानुभव होता है और एक गर्मी छा जाती है और १५ मिनट तक यह स्थिति रहती है । इस समय भयभीत नहीं होना चाहिए, समझना चाहिए सुषुम्ना में 'प्राण' और 'अपान' का संयोग हो रहा है । इसी समय पेट में एक वीणा के तार झंकार जैसी आहट होकर सारे शरीर में फैल जाती है और उसे प्रकाशित कर देती है । आपके अन्तर या 'चिदाकाश' में एक ऐसा प्रकाश प्रकट होता है, जिसे पहले आपने कभी नहीं देखा । यह प्राय: ४० मिनट तक रहता है । उसके बाद मन समय और स्थानातीत हो होता है । इस अनुभव के साथ रात और दिन, अंधकार-प्रकाश, सूर्य-चन्द्र तथा भूख-प्यास के सभी भेद मिट जाते हैं । निरन्तर ध्यान से बाह्य क्रियाओं से भिन्न एक हंस के जल में तैरने जैसी अनुभूति साधक को होती है जो अत्यन्त स्वाभाविक और स्पंदनरहित होती है । आठ दिन तक आठ क्रियाओं के अभ्यास से अतिचेतना का अनुभव होने लगता है । किन्तु इसके पूर्व साधक को समस्त अहं, भय और भाव ग्रंथियों का परित्याग करना पड़ता है । दूसरे शब्दों में अन्त:करण शुद्धि परमावश्यक है । योग शक्तियों का संचय इसी पर आधारित है । कई बार हम सोचते हैं कि हम लोग, मोह, ईर्ष्या, अहं आदि विकारों से मुक्त हो गए हैं पर उपयुक्त अवसर अथवा विपत्ति के समय यह भ्रम सिद्ध होता है और हमारी वास्तविक वृत्तियाँ पुन: प्रकट हो जाती हैं । इस सन्दर्भ में 'पुनर्मूषकोभव' वाली प्रचलित कहानी एक सटीक उदाहरण है । इसलिए पहले यम नियम का साधन करो । इस वास्तविक अभ्यास से ध्यान में आनन्दानुभव होने लगेगा, केवल सिद्धान्तों से नहीं । वास्तव में ध्यान अभ्यासातीत है । अभ्यास तो मंत्र का होता है । ध्यान तो नींद के समान एक स्वाभाविक स्थिति है । नींद का विचार करने से नींद दूर भागती है; वह तो स्वत: आनेवाली एक विचारहीन प्रक्रिया है । इसी

प्रकार ध्यान पर अधिक सोचने से वह विचलित होता है। बुद्धि भी ध्यान में बाधक है। तर्क-वितर्क मन में नहीं होना चाहिए। मात्र स्वाभाविक शुद्ध स्थिति में मन्त्र जाप ही इसका एक मात्र उपाय है। इसके साथ ही दृढ विश्वास और भक्ति की आवश्यकता है। भक्ति भाव से आपका मन प्राण वैसे ही आह्लादित होगा जैसे मरुभूमि में वर्षा से ठंडक और हरियाली व्याप्त हो जाती है। भक्ति के बिना मुक्ति नहीं। भक्ति से अभिप्राय यहां किसी विशेष धर्म, सम्प्रदाय या विश्वास से नहीं है; इसका संकेत तो सार्वभौम प्रेम, करुणा और उदारता से है और योगी के लिए यह परमावश्यक है।

योगी का चरम लक्ष्य जीवन मृत्यु के बन्धन से मुक्ति है। उसे अपने लक्ष्य और उसकी प्राप्ति के साधनों पर सदा दृष्टि रखनी होगी। इसके लिए उत्कण्ठापूर्ण कष्ट, साहिष्णुता और कठोर अनुशासन साधने होते हैं।

आठवीं स्थिति 'समाधि' की है। समाधि का अर्थ है सभी स्थितियों से समरूपता। जब ज्ञान, जिज्ञासु और ज्ञान का लक्ष्य सभी एकाकार हो जाते हैं, तभी 'समाधि' स्थिति आती है, जो आत्म चेतना, मोक्ष और ईश्वर प्राप्ति की ओर अग्रसर करती है। इसमें भूत और भविष्य, अन्दर और बाहर के भेद दूर होकर एक उन्मुक्त पक्षी जैसा अनुभव होता है। इस चरम लक्ष्य की प्राप्ति के लिए योगी को उचित मार्गदर्शन की आवश्यकता होती है और यही गुरुपद का महत्व है। भक्ति मार्ग से भारत में अनेक योगियों ने सिद्धि प्राप्त की है। अतः इस मार्ग के लिए अध्यवसाय, अध्ययन, तपस्या और मनन करो और इन प्रश्नों का उत्तर खोजने की चेष्टा करो—मैं कौन, क्या और कहाँ हूँ? मैं कितना आनन्द मग्न हूँ?......

३. ध्यान–ध्वनि, प्रेम और प्रकाश

(नोवी सैद, अगस्त, १९८२)

ईश्वर साक्षात्कार का एक मात्र मार्ग ध्यान योग ही है। ध्यान में भक्ति और प्रेम का संयोग होने से वह आनन्ददायी हो जाता है। बौद्धिक ध्यान से यह संभव नहीं। किन्तु सुन्दर, आनन्ददायी भावनाओं की जागृति इतनी सरल नहीं क्योंकि कतिपय भावनाओं का प्रवाह इनमें बाधक होता है। ऐसी अदम्य भावनाओं को प्रस्फुटन के लिए दिशा दर्शन न करना होता है। कुँए से पानी खींचने पर अन्त: स्त्रोत से और पानी प्रवाहित हो जाता है; इसी प्रकार प्रेम दान से प्रेम प्रवाह का स्त्रोत उमड़ता है, जो अनन्त है; प्रेम का दान प्रतिदान न होने पर उसके प्रवाह का स्त्रोत ही सूख जाता है। शिष्य रूप में गुरु के प्रति प्रेम अनिवार्य है। एक बार इसके प्रस्फुटन से इसका प्रवाह अजस्त्र हो जाता है। इसे ही 'जागृति' कहा गया है। ध्यान के साथ भक्ति के संयोग से ही यह संभव है। ध्यान के समय आपको अपने शारीरिक, मानसिक एवं आध्यात्मिक अस्तित्व का आभास रहना चाहिए। आपको अपनी परिस्थितियों, क्रियाओं आदि के विषय में सतर्कता पूर्ण ज्ञान रहना चाहिए। ऐसा ध्यान समाधि परक होता है। ऐसे समय मंत्रजाप आपको बाधाओं से बचाता है और उस परम सत्ता से जोड़े रखता है। ध्यान के विषय में अनेक बातें हैं किन्तु मूल तथ्य इस प्रकार हैं। सर्वप्रथम एक अन्तर्ध्वनि सुनाई पड़ती है जो इस बात का प्रतीक है—

नाद रूप पर ब्रह्म

अर्थात् परमेश्वर का प्रथम और ग्राह्य स्वरूप नाद या ध्वनि रूप ही है। उसके पश्चात् हृदय में प्रेम का उद्रेक होता है; प्रेम ईश्वर का ही पर्याय बन गया है क्योंकि साधक के हृदय में ईश्वर के दर्शन प्रेम रूप में ही होते हैं। ऐसे प्रेम के उत्पन्न होते ही प्रकाश होने लगता है। प्रकाश का अर्थ ज्ञान और विवेक ही है। ध्वनि, प्रेम और प्रकाश एक प्रकार से मुमुक्षु, लक्ष्य और ज्ञान के ही प्रतीक हैं। तीनों के संयोग से ही समाधि होती है। भूत, वर्तमान और भविष्य सब एक में समाहित

हो जाते हैं । सभी समस्याओं का समाधान हो जाता है । तू और मैं का भेद मिट कर केवल अखण्ड आनन्द रह जाता है । आत्मा की ध्वनि और प्रकाश विश्वात्मा से एकाकार हो जाते हैं जैसे कि भृंग कीट से निकल कर तितली उड़ जाती है । आत्मा भी इसी प्रकार विश्वात्मा स्वरूप बन जाती है । इसे ही मोक्ष, आत्म स्वरूप अथवा ईश्वरीय चैतन्य कहा गया है । किन्तु सकारात्मक भावनाओं और विशुद्ध प्रेम के बिना यह संभव नहीं है । कहना और सुनना तो सरल है, पर वास्तविकता अति कठिन है । २० मिनट की एक ही आसन में साधना से कष्ट और उकताहट होने लगती है । अत: मन से पहले शरीर पर भी नियंत्रण करना होता है जो सतत साधना से ही संभव है । चुने हुए मार्ग पर चलते रहो । एक ही पद्धति अपनाओ । सात कुएँ एक साथ मत खोदो । अपने गुरु और अपनी स्थिति प्रगति पर दृढ़ आस्था रखो । प्रतिदिन नियमित शान्त साधना में निमग्न रहो । नियमितता से सफलता आती है । यदि नियम भंग होता है तो वहीं स्थिति हो जाती है जो कुएँ से भरी बाल्टी खींचते समय रस्सी के बीच में टूट जाने से होती है । समय कम मिलता है तो साधना थोड़ी कर लो । १०-५ मिनट का समय भी पर्याप्त होता है जो सभी को सुलभ है । यह कहीं भी किसी भी स्थिति में संभव है, पर होना चाहिए नियमित । प्रात:जागृति, स्नानोंपरान्त अथवा रात्रि शयन से पूर्व इसके लिए अत्यन्त उपयुक्त अवसर होते हैं और ज्ञानी लोग उनका उपयोग करते हैं । मुख्य बात साधना की निरन्तरता है । प्यासे घोड़े को पानी पिलाना है तो उसे कुएँ पर लगे इंजन के शोर के मध्य जाना होगा; वह भय से चमकता है तो पानी भी नहीं पी सकेगा । ऐसे ही अश्वारोही हम हैं । साधना हमारा अश्व है । योग मरुस्थल का जल है । सांसारिक समस्याएँ-बाधाएँ इंजन का शोर हैं, जो कभी शान्त नहीं होता । अत: इन सब पर ध्यान न देकर अपना लक्ष्य प्राप्त करो,अन्यथा आप की ज्ञान पिपासा कभी शान्त न होगी ।

अत: नित्य नियमित, प्रेम और विश्वास पूर्ण साधना करो । फलत: नाद ब्रह्म अवश्य सुनाई पड़ेगा और आत्म प्रकाशज्योति के दर्शन निश्चित रूप से होंगे ।

४. विश्व प्रेम

(नौवी सैद, अगस्त, १९८२)

विश्व की सबसे बड़ी शक्ति 'प्रेम' है। इस से समस्त विश्व संगठित है। सूर्य किरणों के समान प्रेम भी नैसर्गिक सत्ता से उद्‌भूत होकर हमें एक सूत्र में बाँधता है। इसकी शक्ति पत्थर को भी तोड़ सकती है, लोहे को पिघला सकती है और यह परम तत्व का प्रतीक है। बीज रूप में प्रेम सब के हृदय में विद्यमान है पर इस का प्रस्फुटन अंकुरण साधना से ही संभव है। योगी कहता है—

विश्व प्राणी मेरी आत्मा है।

इसका अर्थ है कि संसार के समस्त प्राणी मेरी ही आत्मा के स्वरूप हैं अर्थात् अभिन्न हैं। यदि ऐसा ज्ञान है तो फिर शत्रुता और विरोध कहाँ रह जाते हैं? इसी विचारधारा से योगी अजातशत्रु हो जाता है। इसी के अनुसार जो कुछ हम दूसरों के लिए सोचते करते हैं, वह एक प्रकार से हमारे स्वयं के लिए ही है। समष्टि के प्रति प्रेम आप के व्यष्टि प्रेम का ही विस्तार है। इसे ही विश्वप्रेम कहा जाता है। इसके उदय होने पर स्व तथा ईश्वर का ज्ञान हो जाता है। किन्तु यह इतना सरल नहीं। जो व्यक्ति अपने को बहुत बुद्धिमान समझते हैं, वे वास्तव में उतने ही मूर्ख हैं। व्यक्ति अपने ही सुख सुविधाओं और स्वार्थों से बंधा है। व्यक्तिगत प्रेम बन्धन है और विश्व प्रेम मुक्ति। अत: विश्वप्रेम अपनाओ। किसी ने अपशब्द बोले हों तो क्षमा कर दो। महाप्रभुजी कहते थे—मनुष्य के लिए दो बातें कठिन हैं—अल्प भोजन और क्षमाशीलता। अहं की अग्नि हमें क्षमा नहीं करने देती। क्रोध दानव रूप है। प्रेम से ही अहं का शमन हो सकता है। मुस्कुराहट प्रेम का प्रकट चिह्न है। जैसा व्यवहार आप अपने प्रति चाहते हैं, वैसा पहले आपको भी दूसरों से करना होगा। इसके पश्चात् ही उस सार्वजनीन प्रेम का उद्‌भव होगा, जो अत्यन्त शीतलता, शान्ति और आनन्द का स्रोत है। इस प्रकार प्रेम एक महान् शक्ति है। प्रेम में वास्तविकता होनी चाहिए, कृत्रिमता नहीं। स्त्री के प्रति कामजन्य आकर्षण प्रेम की परिभाषा में नहीं आता। वह स्वार्थ लिप्सा से प्रेरित है। नन्हें

शिशु, सुन्दर पुष्प अथवा नक्षत्र अवलोकन के समय जो कोमल भावनाएँ उत्पन्न होती हैं, वे ही वास्तविक प्रेम के चिह्न हैं। इसी प्रेम का अभ्यास करना चाहिए जो आत्मा को ईश्वर तत्व की ओर उन्मुख अग्रसर करता है। आसन प्राणायाम से आप को शरीर स्वास्थ्य पर नियंत्रण होगा। आध्यात्मिक प्रगति के लिए मंत्र जाप और सार्वभौम प्रेम धारण करने होंगे। इन सबसे आपका साधना पथ प्रशस्त होगा।

प्रेम तो एक भावना है जिस का शब्दों में वर्णन नहीं हो सकता। भावनाएँ तो आत्माका अंग हैं। भावना तो अनुभव की वस्तु है। जो जानता है वह कह नहीं पाता। मक्खन अत्यन्त स्वादिष्ट होता है, पर उसका स्वाद शब्दों में नहीं बंध सकता आप केवल तुलना कर सकते हैं पर वास्तविकता प्रकट नहीं कर सकते। उसे तो चखने से ही अनुभव होगा। इसी प्रकार प्रेमतत्व भी अलौकिक और वर्णनातीत है। यह तो भावना क्षेत्र से उत्पन्न है। इसे तो अनुभव ही किया जा सकता है, इसका वर्णन नहीं हो सकता।

अत: जहाँ भी जाओ सकारात्मक भावनाओं और प्रेम से युक्त होकर। नैसर्गिक और वास्तविक प्रेम भावना के आगे तो जंगली सिंह भी निरापद हो जाता है। भगवान बुद्ध और डाकू अंगुलिमाल की कथा इसे चरितार्थ करती है, किन्तु इसका यह अर्थ तो नहीं कि आप जान बूझ कर आपदायें मोल लेते फिरो, किन्तु यह निश्चित है आकस्मिक अवसरों पर आपका विश्व प्रेम अपनी सिद्धि अवश्य प्रदान करेगा।

५. गुरु भक्ति

(नोवी सैद, अगस्त, १९८२)

भक्ति और योग की परिभाषा अत्यन्त प्राचीन है । योगी को आकाश के समान विस्तारित भावना युक्त होना चाहिए । वह मान-अपमान की परिधि से बाहर होता है । योगी का एक अन्य गुण तितिक्षा होता है, जो ज्ञान योग का एक सोपान है । सभी अनुकूल प्रतिकूल स्थितियों में एक समान बने रहना स्थितप्रज्ञ के लक्षण हैं । लक्ष्य की प्राप्ति एक साथ नहीं होती । प्रगति के पथ पर एक एक कदम संभाल संभाल कर रखना पड़ता है ।

कुछ समय पूर्व मैने यह बताया था कि प्रेम के बिना योगपथ में बढ़ना असंभव है । योग का वास्तविक अर्थ समझने से उसमें प्रगति भी संभव है । लोग बहुधा दर्द या चोट की शिकायत करते हैं पर असली दर्द तो वहीं समझता है जिसके तीर चुभा हो । योग की अनुभूति भी इसी प्रकार की एक वास्तविकता है ।

गुरु भक्ति के दो आवश्यक अंग हैं—गुरु के प्रति समर्पण भाव और प्रेम । दण्डवत् करना एक बात है और हृदय से नमन दूसरी । प्रेम भावना से समस्त क्रियायें सकारात्मक हो जाती हैं । महाभारत काल की 'एकलव्य' नामक भील बालक की गुरु द्रोणाचार्य के प्रति गुरु भक्ति की भावना की कथा इस विषय में एक अत्यन्त सार्थक उदाहरण है । गुरु सबको समान प्रशिक्षण देते हैं । अपनी भावना, भक्ति और आस्था से शिष्य भिन्न स्तर की सफलता प्राप्त करने में समर्थ होते हैं । इसमें गुरु का दोष नहीं ।

भक्ति के दो प्रकार हैं—निर्गुण और सगुण । निर्गुण बिना स्वरूप आकार के इष्ट की भक्ति का नाम है तो सगुण इसके विपरीत स्वरूप युक्त इष्ट की आराधना । निर्गुण भक्ति में निराकार ईश्वरोपासना है । इस पद्धति में मूर्ति, चित्र, प्रतीक वर्जित है । इसमें शास्त्रोक्त मंत्रें तथा ॐकार, गायत्री, गीता आदि का समावेश है । दूसरी ओर सगुण भक्ति में इष्ट के चित्र, मूर्ति आदि प्रतीक होते हैं जिनकी पूजा आराधना की जाती है । प्रारंभ में सगुण भक्ति पद्धति ही सरल है ।

शंकराचार्य और अन्य वेदान्ती विद्वानों ने इसी का प्रतिपादन किया है जिससे व्यक्ति मोक्ष प्राप्त कर सकता है । अन्त में निर्गुण रूप तो सभी को प्राप्त होना ही है, किन्तु यह मार्ग अधिक दुरूह है ।

सगुण भक्ति में गुरु परमावश्यक है । गुरु का प्रेमपूर्ण अनुसरण करना होता है । सगुण के बिना निर्गुण भक्ति प्राप्त करना कठिन है । भवन निर्माण के लिए प्रथम नींव आवश्यक है—तदुपरांत मंजिल का निर्माण । आप यदि कहें कि मैं किसी में विश्वास नहीं करता; मैं किसी के अधीन नहीं किन्तु जब ध्यान के समय कोई वस्तु दिखाई दे और आप भयभीत हों, तो आपकी शंकाओं का समाधान कौन करेगा? सगुण भक्ति का इष्ट और गुरु ही इसका निवारण करेंगे ।

सगुण भक्ति के पक्ष में एक तर्क और है । प्रत्येक व्यक्ति के हृदय में एक प्रेम भावना का उद्वेलन होता है; कई बार इसका प्रवाह बड़ा तीव्र होता है; यह सामान्य मानवीय प्रेम से भिन्न एक सर्वव्यापी प्रेम स्रोत है । इसे सही मार्ग का प्रवाह देने के लिए भी एक प्रियतम इष्ट की आवश्यकता है । इसी भावना प्रवाह को भक्ति कहते हैं । एक भक्त अपने आराध्य के संयोग वियोग में गाता है, हँसता है,रोता है, उपालंभ देता है, रूठता और मनाता है । योग में इस प्रकार की प्रेम भावना आवश्यक है ।

संसार में अनेक मत मतांतर हैं । इसमें कौवे भी है और हंस भी । सभी पुष्प फल नहीं देते । सभी फल पकते भी नहीं । आपको अपने मार्गपर चलना है । इसी में सुख और कल्याण है । प्रेम आदान प्रदान की वस्तु नहीं, वह तो नैसर्गिक है और स्वत: स्फूर्त है । भक्त ब्रह्माण्ड का अंश है । वह परमतत्व का प्रेमी है । भक्ति और प्रेम से ही योगीजनों को सिद्धि मिलती है । ज्ञान और पांडित्य अलग वस्तुएँ हैं और भक्ति इनसे भिन्न । मछली जैसे जल बिना नहीं रह सकती वैसे ही भक्त अपने प्रिय इष्ट के बिना नहीं । भक्तिमती मीरा का दृष्टान्त इस सन्दर्भ में उल्लेखनीय है । अपने इष्ट के लिए राजरानी मीरा ने अपने राज्य, कुलरीति सभी का परित्याग कर विष पान तक किया, पर कृष्ण के प्रति अपने प्रेम से विचलित नहीं हुई, यह बात कौन भारतवासी नहीं जानता? प्रत्येक सच्चे भक्त को इसी प्रकार के अलौकिक अनुभव और सिद्धियाँ प्राप्त होती हैं पर वे उनका स्वार्थ के लिए उपयोग कभी नहीं करते । अनेक बार स्वयं भगवान ने भक्तों का रूप धारण कर

उनके सम्मान की रक्षा की है । इष्ट के प्रति प्रेम के लिए वैराग्य अनिवार्य है । सांसारिक वस्तुओं के प्रति वैराग्य के बिना भक्ति प्राप्त नहीं होता । पौराणिक कथाओं में महाराजा शिखरदास और महारानी चुन्डाला की कथा इसका रोचक दृष्टान्त है जिन्होंने युद्ध की हिंसा-विभीषिका से त्रस्त होकर वैराग्य धारण किया और सत्य की खोज में निकल पड़े । वैराग्य से ही योग का जनम होता है । ज्ञान योग के दो अंग—विवेक और वैराग्य हैं । विवेक वास्तविक और अवास्तविक का भेद करता है । यथा—

ब्रह्म सत्य, जगन् मिथ्या—

अर्थात् ईश्वर ही सत्य है, सांसारिकता तो एक स्वप्नवत् असत्य है । यह ज्ञान होने पर ही वैराग्य का जन्म होता है । वैराग्य होने पर व्यक्ति संसार के समस्त सुख भोगों का त्याग कर आत्मसाक्षात्कार और ईश्वर प्राप्ति के लिए निकल पड़ता है । उसे सच्चे गुरु की तलाश होती है और मिलने पर मार्ग प्रशस्त होता है । वैराग्य में निरन्तरता बनी रहना चाहिए, उतार चढ़ाव ठीक नहीं । किन्तु राजा शिरदास की कथा के अनुसार वैराग्य और भक्ति के लिए संसार से पलायन आवश्यक नहीं । हम अपनी वर्तमान परिस्थितियों में भी अपनी दृढ आस्था, विश्वास, भक्ति और नियमित अभ्यास से सिद्धि प्राप्त कर सकते हैं जैसे रानी चुण्डाला ने प्राप्त कर ली ।

इस प्रकार सिद्धि के लिए साध्य का नियमित और विवेकपूर्ण अभ्यास आवश्यक है । सभी मार्ग उपयुक्त हैं, सभी में फूल भी हैं और कांटे भी । फूलों के विकास के साथ कांटो को भी सहन तो करना ही पड़ेगा । अत: निरन्तर सत्य साधनारत रहो, फल की प्राप्ति समय पर अवश्य होगी ।

गुरु पास हों चाहे दूर; उनकी भौतिक स्थिति से अलग आपको तो उनके बताए सद्गुण सन्मार्ग पर चलना है । उनकी शक्ति तो समय स्थानातीत और असीम है । एकलव्य का गुरु विश्वास कितना फलीभूत हुआ यह हम देख चुके हैं । व्यक्तियों के योग्यताएँ-क्षमताएँ भिन्न होती हैं; पर एक गुरु के सभी शिष्यों को चाहे वे बहिनें हों या भाई, एकत्र होकर भक्तिभाव से भजन, कीर्तन, विचार, सत्संग करना लाभप्रद होता है । इससे उनमें गुरु-प्रदत्त शक्तियों का अभ्युदय होता है । अन्तर्वृत्तियों का शोधन करने के लिए अन्त:करण, मानस, बुद्धि, चित्त और

अहंकार का परिमार्जन करना आवश्यक है। कोई भी वस्तु न बुरी है न अच्छी। हमारी स्वयं की विचारधारा, स्वार्थ और उसका उपयोग ही उसका स्वरूप निर्धारण करते हैं। यह सत्य है कि कई बार विरोधाभास की स्थिति उत्पन्न हो जाती है; ऐसे में गुरु का मार्गदर्शन आवश्यक होता है। गुरु की अनुपस्थिति में आप अर्द्धरात्रि के पश्चात् स्थान कर हल्के वस्त्रों में दीपक के सम्मुख ध्यान मुद्रा में बैठ कर अपने इष्ट मंत्र का जाप करें। इससे आपको स्वत: ही समस्या का समाधान मिल जाएगा। आप की भावनात्मक स्थिति में परिवर्तन होगा, प्रश्न का उत्तर मिलेगा और शंकाओं का निवारण होगा। यह आवश्यक है कि आप सही स्थिति में एकान्त कक्ष में साधना करें। किसी भी स्थिति में अपनी साधना का परित्याग न करें। कैसी भी विपत्ति, दुर्बलता, विरोधाभास की स्थिति क्यों न हो, अपना मन्त्रजाप न छोड़ें क्योंकि साधना की निरन्तरता बहुत महत्वपूर्ण है।

एक बात और, अपने गुरु भाइ-बहिनों से अपनी समस्याओं, कठिनाइयों के विषय में तथा उनके अनुभवों के बारे में वार्तालाप करते रहना चाहिए। अपने से अधिक अनुभवी गुरु भाई के सम्मुख निस्संकोच अपनी बात कहो। शक्तिशाली बनो, सीधे मार्ग पर चलो, सजग और स्फूर्तियुक्त रहो। आपको अपने अन्दर एक प्रकाश, शक्ति और आनन्द का आभास होगा।

६. ध्यान का अर्थ

(नोवी सैद, दिसम्बर, १९८२)

आज आप लोगों ने 'ध्यान' के विषय में जिज्ञासा प्रकट की जो बड़ा सुन्दर विषय है। यह राजयोग का सातवां सोपान है। आप सभी को व्यक्तिश: इन सभी सोपानों के अध्ययन की उतनी आवश्यकता नहीं जितनी कि दैनिक जीवन में उनके सामूहिक अभ्यास की। 'ध्यान' शब्द का कोई विशुद्ध पर्याय नहीं है। बालक को भूख लगने पर दूध पीने में जो अनुभूति होती है, वैसी ही जिज्ञासु को ध्यान करते समय होती है।

मन सांसारिक झंझटों से बेचैन और थका रहता है। इसे विश्राम और शान्ति की आवश्यकता होती है। ध्यान ही इसका उपाय है। विश्राम से तात्पर्य निष्क्रियता न होकर शान्ति से है जो इच्छाओं के शमन और स्वैच्छिक पूर्णता से प्राप्त होती है। मन के शान्त होने पर न उसमें विचार-प्रवाह होता है और न चित्तवृत्तियों का विक्षोभ। वृत्तियाँ मन की वे तरंगे हैं जिनके शमन के बिना ध्यान संभव ही नहीं है। इसके लिए मन्त्र का बड़ा महत्त्व है। मन्त्र लयपूर्ण, दैवी और शुभ सन्देश पूर्ण शब्द समूह है जिसके उच्चारण से एक उच्च शक्ति का प्रादुर्भाव होता है। अच्छे, बुरे शब्दों का प्रभाव हम दैनिक जीवन में अनुभव करते हैं। इसी कारण मन्त्रशक्ति बड़ी प्रभावकारी है।

मन्त्र उच्चारण से आत्मा जागृत होती है। आपकी सारी समस्यायें वैसे ही समाप्त हो जाती हैं जैसे नमक की पुतली सागर तल में समाहित हो जाती है। बच रहता है केवल स्वच्छ जल के समान आपका निर्मल, निर्द्वन्द्व मन आत्म। अभ्यास मन को केन्द्रित करने के लिए होता है, ध्यान को नहीं। ध्यान तो नींद के समान एक स्वाभाविक क्रिया है; सोते समय आप यदि यह सोचने लगें कि मैं सो रहा हूँ, तो नींद ही उड़ जाएगी। इसी प्रकार ध्यान के समय यह विचार नहीं रहता कि मैं ध्यान कर रहा हूँ। उसके लिए तो शान्त मुद्रा, आरामदायक स्थिति, मुंदे नेत्र और मन्त्रोच्चार की स्थिति पर्याप्त है। ध्यान के प्रारंभ में एक अन्तर्ज्योति के दर्शन होते हैं। ध्यान से आत्मा निर्मल होती है। इससे कर्मों की भी

शुद्धि होती है । अपने 'स्व' या आत्म को पहचानने में भी ध्यान सहायक होता है । ध्यान में एकाग्र होने पर विचारों का क्षय होता है, दैवी शक्तियाँ जागृत होती हैं और आत्मसाक्षात्कार की दिशा मिलती है ।

आन्तरिक शान्ति की ओर प्रयत्नशील रहो । सांसारिक सुख-दु:ख तो अस्थिर हैं, वे चलते ही रहेंगे । ऋतु के समान ये तो परिवर्तनशील हैं पर स्थिर और वास्तविक नहीं । अस्थायी वस्तु में ही परिवर्तन होते हैं । योगी को तो स्थायित्व और वास्तविक सत्य की ओर अग्रसर होना है । और वास्तविक सत्य है—केवल आपकी अन्तरात्मा । सदा आनन्दानुभूति करो चाहे परिस्थिति कैसी भी क्यों न हो । छोटी-मोटी बातों से विचलित न हो । किन्तु आन्तरिक शान्ति और सन्तोष बनाए रखना इतना सहज नहीं है । एक रोचक कहानी इस विषय में है । एक साधक को एकान्त वन में साधना करने पर कुछ सिद्धि मिली । एक दिन एक चिड़िया भ्रमवश उसके सिर पर बैठ गई । साधक ने क्रोध से उसकी ओर दृष्टिपात किया और वह मर कर गिर पड़ी । इसपर साधक को अपनी सिद्धि का अहंकार हो गया । वह गाँव के छोर पर पहुँचा जहाँ कुएँ पर एक बाला पानी खींच रही थी । साधक ने पानी माँगा । बालिका के पूछने पर साधक ने अपना नाम 'शीतलपुरी' बताया । बालिका ने परीक्षा की दृष्टि से पुन: पुन: नाम पूछा । इस पर साधक झुंझला गया और कहा कि कई बार तो बता दिया । बालिका बोली नाम 'शीतलपुरी' के अनुसार आप में गुण तो नहीं है । इस बात ने साधक को विचार में डाल दिया । आगे चलकर साधक ने एक गृहिणी से भिक्षा मांगी । स्त्री गृह कार्य में व्यस्त थी अत: आने में कुछ विलम्ब हुआ । साधक ने अहंवश कहा—तुम्हे मालूम नहीं मैं कौन हूँ? इस पर स्त्री ने उत्तर दिया—हाँ मैं जानती हूँ; पर मैं वह चिड़िया नहीं जो आपके दृष्टिपात से निर्जीव हो जाऊँ । यह सुनकर साधक चकित हो गया और इस बात को जानना चाहा कि उस स्त्री को यह सब कैसे ज्ञात हुआ । स्त्री ने अपने गृहस्थ धर्म पालन और पातिव्रत्य साधन का इसे परिणाम बताते हुए साधक को अहं और चमत्कार का परित्याग करने की सलाह दी । वास्तव में ध्यान साधना से तो क्रोध, अहंकार, जैसे दुर्गुण दूर होते हैं और प्रेम, करुणा, क्षमा और आत्मसंतोष जैसे गुणों का विकास होता है । इसी प्रकार एक अन्य कथा के अनुसार हमारे कार्यों का फल हमें ही भोगना पड़ता है, एक सत्य है । दूसरों का अहित कभी न सोचो; इस से आपना ही अहित होता है । प्रत्येक शारीरिक-मानसिक

क्रिया की प्रतिक्रिया सुनिश्चित है । अपनी इच्छाओं पर नियंत्रण रखो । इच्छाओं को सीमित कर लो । यही सुख और आनन्द का मार्ग हैं । एक सुन्दर भारतीय कहावत के अनुसार—

संतोषी नर सदा सुखी

दूसरी के अनुसार—

अहिंसा परमोधर्म:

दया धर्म का मूल है, पाप मूल अभिमान

और

अहं ब्रह्मास्मि—

अर्थात् भौतिक शरीर और उसकी भावना-विचारों से अलग जो अनित्य हैं, मेरा आत्म अनश्वर और सत्य है । इन्ही विचारों से मन में साहस और आनन्द का संचार करना सीखो । प्रेम, विश्व प्रेम ही सर्वोपरि है । महान् भारतीय कवि और मनीषी रवीन्द्रनाथ ठाकुर की उक्ति है—'मैं खजाना भर कर लाया था, जिसे सबमें लुटा दिया । सब कुछ देकर मैं बदले में कुछ नहीं चाहता । अब मैं लौट रहा हूँ । यदि दे सको तो केवल 'प्रेम' का प्रतिदान चाहता हूँ ।' यह एक महान् विचार है । केवल देना सीखो, लेना नहीं । देना धन हैं, लेना गरीबी । योगी इसी प्रकार सोचता है । ऐसे ही मार्ग के अनुसरण से लक्ष्य की प्राप्ति होगी ।

७. योग प्रशिक्षण

(योग कक्षाओं का संचालन)

योग प्रशिक्षण कुछ नियमों से बंधा है। प्रशिक्षक को कार्य से आधा घंटा पूर्व उपस्थित हो जाना चाहिए। प्रशिक्षण कक्ष पर्याप्त स्थानुयुक्त, स्वच्छ और हवादार हो। खिड़कियाँ पहले से खोल दो। अभ्यासार्थियों को आकर बातचीत या हंसी मजाक में प्रवृत नहीं होना चाहिए। उन्हें अपने आसन बिछाकर योगाभ्यास के आसन प्रारंभ करने चाहिएँ।

यथा संभव समय पर कक्षाएँ प्रारंभ हों। देरी से आनेवालों का इन्तजार न करो क्योंकि इसकी कोई सीमा नहीं। अनुशासन और समय पालन होना ही चाहिए। कार्य प्रारंभ करने से पूर्व शिक्षार्थियों की मन:स्थिति का अध्ययन करो। उनमें रुचि उत्पन्न करने के लिए योग के कुछ अनुभव बतलाओं। उसके बाद ३-४ मिनट का विश्राम दो। सब पर ध्यान रखते हुए कुछ समय के लिए आँखें बन्द कर लो।

प्रशिक्षक के रूप में पहले आप आसनों का प्रदर्शन करो। शिक्षार्थी देखें। आप के साथ वे अभ्यास न करें और न आप उनके साथ। आपका काम उन्हें देखना है—गलत स्थितियों में आप सुधार करें। व्यक्तिगत नहीं, सामूहिक। आवश्यक होने पर ही व्यक्ति को संभालें क्योंकि इससे औरों को बाधा होगी। एक अभ्यास के पूर्ण होने पुन: आप एक आदर्श पुनरावृत्ति करें तो अच्छा होगा। प्रशिक्षुओं पर नजर रखें कि वे अधिक न थकें। वे सहज और ताजा अनुभव करें। आसनों के बाद और प्राणायाम से पूर्व पाँच मिनट का विराम दें। प्राणायाम तैयारी की सूचना देवें। कक्ष में ताजा हवा का प्रवेश अत्यावश्यक है। इसके बाद प्राणायाम सम्बन्धी बातें, शारीरिक स्थिति, आसन, श्वास-प्रश्वास अभ्यास के विषय में बताइए। आप आँखे खुली रखकर सबकी क्रियाओं पर एक नजर डालते रहें। सभी प्रशिक्षुओं से समान व्यवहार करें; किसी से विशेष नहीं। योग कक्षाओं में आपके व्यक्तिगत जीवन का प्रभाव न हो। कार्य के बाद आप किसी से भी मिलकर व्यक्तिगत बातचीत कर सकते हैं। कक्षाकार्य में किसी

को यह आभास न हो कि आप का किसी शिक्षार्थी से विशेष लगाव है, अन्यथा विशेष कृपा भावना की ग्रन्थि दूसरों के मन में समस्या पैदा कर सकती है ।

प्रशिक्षण कार्य के उपरान्त आप कक्ष से सबके अन्त में जावें । देखें कि किसी की कोई वस्तु पीछे तो नहीं छूट गई है । मेरे द्वारा प्रचारित योग की अवधि प्राय: तीन महीने है । प्रथम मास में सभी आसन सिखाए जावें । दूसरे में उनमें सुधार हेतु और अभ्यास दिया जावे । तीसरे में उनसे एक आसन का अभ्यास करवा के देखा जावे ।

दूसरी श्रेणी में सत्रह आसन हैं जो दो दिन में सिखाए जा सकते हैं, पर उनमें भी अति शीघ्रता नहीं करनी चाहिए । अपने शिष्यों को उनकी योग्यता के अनुसार क्रमिक अभ्यास दीजिए । साथ ही कक्षा में योग के महत्व पर प्रकाश डालते रहें । अभ्यास की नियमितता का महत्व भी समझाते रहें । दूसरों की आलोचना न स्वयं करें, न करने दें । किसी भी पद्धति अथवा प्रशिक्षक की बुराई करना अच्छा नहीं । सभी अपनी पद्धति और कार्य में अच्छे हैं यह मान कर चलना चाहिए ।

कुछ लोग योग कक्षाओं में केवल स्वास्थ्य सुधार और शरीर नियंत्रण के लिए ही आते हैं । योग में आत्मिक शक्तियों के जागरण का विशेष महत्व है । पर यदि प्रशिक्षु की इच्छा न हो तो आगे उसे बाध्य न किया जावे । मुमुक्षु को ही मार्ग-दर्शन होता है—जो जितना चाहे उसे उतना ही दिया जाना चाहिए । रुचि होने पर वह स्वयं पुन: उपस्थित होगा ।

प्रशिक्षक को हमारी सलाह है कि आप भी अपने अहं के प्रति सावधान रहें । किसी को अपने से हीन कमजोर न समझें । कोई भी सम्पूर्ण और दक्ष नहीं होता । अपना कर्तव्य पालन पूरी निष्ठा से कीजिए और परिणाम ईश्वर पर छोड़ दीजिए । प्रसिद्धि और यश वे ही प्राप्त करते हैं जो उसके योग्य होते हैं । आपके मन में तो यह विचार रहना चाहिए—

> ना हम कता, प्रभु दीपकर्ता
> महाप्रभु दीपकर्ताहि केवलम् ।

अर्थात् में कुछ भी करनेवाला नहीं हूँ । ये सब कार्य तो भगवान् दीप महाप्रभु की कृपा से हो रहे हैं । इस समर्पण भाव से आप को सिद्धि मिलेगी । एक हिन्दी

कहावत के अनुसार 'हीरा मुख से ना कहे, लाख हमारा मोल ।' योग्यता का परीक्षण व मूल्यांकन दूसरे ही करते हैं, स्वयं नहीं । वास्तविकता छिपती नहीं है । सत्य शाश्वत है । सूर्य को कहने की आवश्यकता नहीं कि वह उदय हुआ है । योग्यता तो स्वयं सिद्ध है । और जीवन में योग्यता और परिश्रम के संयोग से सफलता निश्चित है ।

योगी रूप में निर्भय रहो । अनजान व्यक्ति के साथ सावधानी तो आवश्यक है । अज्ञात पानी में उतरना खतरनाक हो सकता है । महाप्रभुजी के अनुसार जीवन में अच्छे कार्यों के साथ दुविधाएँ भी हैं । सुन्दर गुलाब पुष्प में भी काँटे होते हैं ! अतः काँटों से सावधान रह कर योग पुष्प का चयन कीजिए । बुराइयों से बचना ही चाहिए क्योंकि उनका परिणाम भयंकर होता है । धन सम्पत्ति तो अस्थायी वस्तुएँ हैं जो अन्त में किसी के साथ नहीं जाती । लोभ तो बुराई की जड़ है । आदमी मुट्ठी बंधे हाथों से जन्म लेता है, किन्तु मृत्यु के समय उसके हाथ खुले रह जाते हैं । सब भौतिक वस्तुएँ पीछे छूट जाती हैं । योगी का सदा यह ध्यान बना रहना चाहिए । केवल मंत्र की आध्यात्मिक शक्ति ही साथ देगी ।

हाँ, मानव शरीर एक साधना का माध्यम अवश्य है । हमें इसे स्वस्थ और दीर्घायु बनाने का प्रयत्न करना चाहिए । कहा गया है—

शरीर माध्यं खलु धर्मसाधनम ।

इस हेतु प्रतिदिन आसन प्राणायाम का अभ्यास कीजिए । स्वच्छ, ताजा और शक्तिवर्द्धक भोजन कीजिए । फल, दूध और सुपाच्य अन्न, शुद्ध जल और खुली वायु का अच्छे स्वास्थ्य के साथ विशेष सम्बन्ध है ।

८. दृढ़ता
(सहिष्णुता)

(बेलग्रेड, जून, १९८३)

६ महीने के अन्तराल के बाद आप सब लोगों से मिलकर मुझे बड़ी प्रसन्नता हुई । इस मध्य संसार में अनेक अच्छी बुरी घटनाएँ होती रही हैं । वर्षों उपरान्त मैं तीन महीने भारत रहकर आया हूँ । वहाँ अपने कई शिष्यों से तो ७ वर्षों के उपरान्त मिला हूँ । गुरुजी ने आप सभी को शुभकामनाएँ-आशीर्वाद कहलाए हैं । आशा है आप शीघ्र ही गुरु जी और भारत देश के दर्शन कर सकेंगे ।

योग मुमुक्षु के सामने सबसे बड़ी बाधा उसका शंकालु मानस है । अनिश्चय और दृढ निर्णय का अभाव शिष्य की निर्बलता के चिह्न है । 'माया' हमें घेर लेती है । लोभ और मोह मन में संकल्प विकल्प उत्पन्न करते हैं और हम पथ से विचलित हो जाते हैं । सही मार्ग वही है जो अपनी आत्मनिर्देशित करे और उस पर दृढता से चला जावे । अपने से बाहर कुछ न खोजो। हृदय में जितनी अधिक इच्छाएँ-आकाक्षाएँ होती हैं उतनी ही गहरी निराशा उत्पन्न होती हैं । उनकी खोज बाहर की जाती है, इसलिए अपने आत्म से अधिक सुन्दर, महत् और शक्तिशाली अन्य कुछ भी नहीं । अत: अपने आत्म की ओर ही मुडो और उसे प्राप्त करो जो शाश्वत और अपरिवर्तनीय है ।

हमें बड़े-बड़े शुष्क आध्यामिक भाषणों की आवश्यकता नहीं । न दर्शन शास्त्र और कल्पनाओं की । हमें तो प्रेम और पारस्परिक सहानुभूति चाहिए । प्रेम और विश्वास ही हमारी आत्मा के भोज्य हैं । प्रेम के भी दो स्वरूप हैं; काँपती लौ के समान अस्थिर प्रेम और विशुद्ध अमर प्रेम जो वास्तविक फलदाता है । वैराग्य भी दो प्रकार का है —श्मशानी वैराग्य और सच्चा वैराग्य । मृत्यु के समय श्मशान की ज्वाला के सम्मुख प्रत्येक व्यक्ति के मन में एक ही विचार सूझता है कि ऐसा ही एक दिन मेरे साथ भी होने वाला है । मृत्यु तो ध्रुव सत्य है । पता नहीं जीवन का उद्‌गम क्या है और अन्त क्या । न कुछ साथ आता है, न कुछ

जा सकता। मृत्यु के समय सब कुछ यहीं छूट जाता है, तो फिर इस जीवन का अर्थ क्या है? किसी के न कहने पर भी उस समय यही विचार आते हैं, पर कुछ देर बाद जन नहा धोकर वे पुनः अपने स्थान और काम पर लौट जाते हैं तो ये सारी बातें विस्मृत हो जाती हैं और वे पुनः दुनियादारी के झंझटों में लिप्त हो जाते हैं, अतः स्थायी वैराग्य का अनुसारण करो।

गेरुए वस्त्र पहनने से व्यक्ति सन्यासी नहीं बन जाता। बहुतों को असन्तुष्ट होकर कुछ समयोपरान्त यह वेश त्याग कर पुनः सांसरिक जीवन में लौटने को बाध्य होना पड़ता है। ऊपरी दिखावें से सत्य बहुत आगे है। अतः गुरु की शरण में जाओ। उसका विश्वास करो। बार-बार गुरु बदलना अच्छा नहीं। उसमें सफलता नहीं मिलती। अपनी आत्मा को गुरु के हवाले कर दो। गुरु के परित्याग से आपके गुरु को कितना कष्ट होगा? महाप्रभुजी ने अपने निर्वाण के समय मेरे गुरुजी से कहा—बोलो क्या चाहिऐ? गुरुजी ने उत्तर दिया—महाराज मुझे न सिद्धि चाहिए, न कुछ और। मुझे तो आप केवल अपनी भक्ति दीजिए। इसीकारण गुरुजी 'जीवन मुक्त' कहलाए।

आप में भी अनन्त शक्तियाँ हैं। सिद्धियों के पीछे मत जाओ। गुरु विश्वास और आत्म विश्वास ही आपको अपने पथ पर अग्रसर करेगा। प्रेम और विश्वास से सब कुछ संभव है। महाप्रभु जी ने प्रभु ईसा के समान अनेक रोगियों के अपने आशीर्वाद से स्वस्थ कर दिया था। मेरा भी सन्देश यही है कि स्वस्थ, प्रसन्न रहो और सभी प्राणियों से प्रेम करो। आप सब का स्वरूप मेरी आत्मा में है और मेरी यह प्रार्थना है कि महापुभुजी सबका कल्याण करें।

अब कुछ समय के लिए भक्ति ध्यान का अभ्यास करो। प्राणायाम के साथ आत्मा की अजर अमरता, गुरु के प्रति एकात्मता और आत्मतत्व के प्रति आस्था का अनुभव करो। अपने अहं की ऊर्मियों को बाहर भीतर प्रवाहित होने दो। गुरु को महाप्रभु का रूप मानकर अपने स्व को उन्हें समर्पित कर दो। कुछ देर आँखे बन्द कर शान्तभाव से बैठकर अन्तर्दृष्टि डालो और अपने मन्त्र का जाप करो। आँखे खोलने पर एक शान्तिमय आनन्द का अनुभव होगा।

आत्म विश्वास और ईश्वर विश्वास से सब कुछ संभव हैं, चमत्कार हो सकते हैं। इसके अनके दृष्टान्त है, जो समय समय पर आप पढ़ते सुनते है। आध्यामिक

मार्ग में बाधाएँ अवश्य आती हैं, पर अपने इष्ट और आत्मा विश्वास पर दृढ़ रहने से वे स्वतः दूर हो जाती हैं । अपने अंह, भय और सन्देहों का त्याग करो । अपनी भक्ति पर निश्शंक चलते रहो और आप में अजस्र शक्ति और आत्मतोष का अनुभव होगा । हरि ओऽम् ॥

१. प्राण

योग ग्रन्थों और काव्य में 'प्राण' तत्व को बहुत महत्व है। 'प्राण' जीवन का पर्याय है। किसी की मृत्यु पर यही कहा जाता है कि अमुक ने प्राण त्याग दिए। श्वास प्रश्वास के साथ प्राण का संयोग है। श्वास की विभिन्न प्रक्रियायें हैं। भींतर खींचनेवाले श्वास को प्राण और बाहर निकलने वाले को अपान कहते हैं। दोनों के सयोग से ही संतुलन होता है।

प्राण के दस प्रकार है—पाँच प्राण और पाँच उपप्राण। ये दस प्राण ही शरीर के आधार है। प्राण ही चेतना और शरीर में सामंजस्य रखते हैं। यही कारण है कि प्राणशक्ति के द्वारा विक्षिप्त व्यक्ति तथा निर्बुद्धि बालकों का उपचार किया जाता है। चेतना और पदार्थ भी प्राणशक्ति के द्वारा ही सम्बद्ध हैं जैसे लौह और चुम्बक। प्राण के यौगिक आकर्षण से ही मन शरीर संयोजित होने के कारण प्राणशक्ति के अभाव में अनेक प्रकार की मानसिक व्याधियाँ और तनाव उत्पन्न हो जाते हैं।

प्राणशक्ति परिवर्तनीय है। खान पान, सामाजिक परिवेश, मानसिक विपदायें, और उसका समस्त वातावरण व्यक्ति की प्रणशक्ति को प्रभावित करते हैं। खाद्य वस्तुओं का प्राणशक्ति पर विशेष प्रभाव होता है। कहते हैं—जैसा खावे अन्न, वैसा होवे मन्न। अत: योगी को सात्विक आहार करना चाहिए। बासी भोजन अच्छा नहीं। प्रात: पका भोजन सन्ध्या में उपयोग न करो। स्वच्छता का ध्यान रखते हुए साधक अपना भोजन स्वयं पकाए तो उत्तम है। योगी के आहार में मांस, मछली, अंडे नहीं होने चाहिएँ। अंडों में राजसी और मांस, मछली में तामसी गुण हैं। योगी का शरीर स्वच्छ और स्वस्थ होना चाहिए। कोई भी एक आदर्श योगी का जीवन तो नही बिता सकता पर सात्विक आहार-विहार से शरीर से फल और पुष्प के समान एक सुगन्ध का प्रस्फुटन होता है। दैनिक योगभ्यास से हम सामान्य व्यक्तियों के स्तर से ऊपर उठने लगते हैं। सामान्य व्यक्तियों के जीवन में कटुतापूर्ण वाक्यों, व्यवहार और छद्‌म क्रियाओं से विक्षेप आते रहते हैं जो चित्त को अस्थिर कर उसमें विकारों को जन्म देते हैं। वे प्राणशक्ति को भी

विक्षेपित करते हैं । इसीसे निषिद्ध विचारों और क्रियाओं की उत्पति होती है । अवचेतन मानस से भी कई बार इसी प्रकार की विकृतियाँ उभरती है । इससे अपनी तथा दूसरों की हानि ही होती है । अत: योगाभ्यासी को इनसे ऊपर उठकर अपनी प्राणशक्ति को ऊर्ध्वगामी दिशा देना चाहिए । आप दूसरों की विकृतियों को सहज ही दूर नहीं कर सकते । अत: स्वयं सहिष्णु बनिए और सुख, दु:ख, ईर्ष्या, लोभ, अहंकार, मान, अपमान जैसी विरोधाभासी विकृतियों का परित्याग कीजिए । यही योग साधना का एक मात्र मार्ग है ।

प्राण हमारे अन्त:करण को भी प्रभावित करता है । मानस के चारों अंग—मन, बुद्धि, चित्त और अहंकार प्राणशक्ति के अधीन हैं । इनके सूक्ष्म स्तरों का अध्ययन कर उनके विकृत अंशों का त्याग और उचित का अनुसरण करना होगा । उदाहरण के लिए अहंकार का 'आत्म सम्मान' के रूप में आचरण ठीक है पर अभिमान और दूसरों के अपमान के रूप में नहीं । सात्विक प्राणशक्ति के लिए व्यक्ति को अपनी मानसिक भावनाओं को परिशुद्ध करना होगा ।

प्राणायाम कुछ उपवास के बाद ही करना चाहिए; भोजन के तुरन्त बाद नहीं । कम से कम दो घंटे का अन्तराल हो । उपवास से शरीर के विष का शमन होता है । शरीर एक अग्नि से शुद्ध होता है । उससे अगली कड़ी हठयोग की है जिसका उल्लेख यथा स्थान होगा । शरीर शुद्धि के साथ ही प्राण भी सात्विक होता है ।

कई लोग विना प्राणयाम के आसन करते हैं जो ठीक नहीं । प्राणायाम का बड़ा महत्व है । कुछ लोग इसे समझते नहीं । प्राणायाम हमें विशुद्ध वायु के अन्तश्र्वास, प्राण शक्ति के शोधन, अंग-प्रत्यंग के संचालन और अन्य बहुत सी शारीरिक, मानसिक क्रियाओं में सहायक होता है । प्राणायाम और प्राणशक्ति से अनेक व्याधियों का उपचार संभव है । अब आपको कुछ प्राणायाम अभ्यास प्रत्यक्ष प्रायोगिक सिखलाए जाते हैं । अस्तु ॥

१०. ध्यान की सही पद्धति

(जिवोगो, सितम्बर, १९८३)

ध्यान के विषय में अनेक बातें हैं और लोगों के विभिन्न विचार हैं। कई कारणों से कुछ लोग ध्यान से भय खाते है। जैसे कुछ लोगों के विचार में ध्यान से व्यक्ति अन्तर्मुखी हो जाता है, वह सांसारिक व्यवहार से दूर हट जाता है। हाँ, एक सीमा तक यह बात तो ठीक है कि व्यक्ति अन्तर्मुखी होता है, किन्तु योगी को आवश्यकतानुसार अन्तर्मुखी या बहिर्मुखी होना ही चाहिए। कुछ अवसरों पर शान्ति और अन्तर्मुखी वृत्ति, तो कुछ पर स्पष्टवादिता और कर्मशीलता की आवश्यकता होती है।

कहा जाता है कि ध्यान से सांसारिक माया से मोह भंग होता है और यह बात सत्य भी है। पर मैं इसे दूसरे प्रकार से कहना चाहूँगा। सांसारिक माया से हमारा मोह तो नहीं छूटता। वास्तव में तो ध्यान से हमारी भावनाएँ अधिक शान्त सन्तुष्ट हो जाती हैं। कामनाओं की संख्या और गहनता में कमी हो जाती है। रामायण में उल्लेख है कि कामनाओ की वृद्धि के साथ असंतोष बढ़ता है और सन्तोष प्राप्त होने पर सुवर्ण के आभूषण भी तुच्छ पत्थर के समान लगते हैं। इच्छाओं की पूर्ति तो कभी होती भी नहीं क्योंकि एक इच्छा की पूर्ति पर स्वाभाविक रूप से दूसरी इच्छा जागृत होती रहेगी।

.. स्वर्ग पाताल को राज करे, तृष्णा तऊ तेरी अबाध जगेगी;
'सुन्दर' एक सन्तोष बिना, शठ तेरी तो भूख कभी न भगेगी ॥

अत: आन्तरिक शान्ति और सन्तोष ही वास्तविक जीवन दर्शन है।

कुछ लोगों का विचार है ध्यान के लिए एकान्त और सन्यास आवश्यक है। विवाह परिवार, जीवनयापन के साधन इसमें बन्धन हैं। किन्तु यह दृष्टिकोण भी सीमित है। सन्यास और संसार त्याग एक अलग क्षेत्र है और सभी के लिए यह आवश्यक नहीं कि ध्यान के लिए उन्हें इस मार्ग पर न चलना अनिवार्य है। जिस दिन आप विश्व को अपना मानकर 'वसुधैव कुटुम्बकम्' सिद्धान्त अपना लेंगे, सभी आप के अपने हो जावेंगे। हम सन्यासियों के लिए सभी अपने निकटतम

परिजन हैं। हमारे लिए कोई अधिक दूर नहीं और कोई अधिक निकट नहीं। योगी के लिए सबके प्रति समभाव होन चाहिए। सभी को अपना समझने पर एक नैसर्गिक आनन्दानुभूति होती; पर ऐसी भावना के लिए साधना आवश्यक है। 'ध्यान' के माध्यम से यह संभव है।

ध्यान की विभिन्न पद्धतियाँ हैं। केवल आँख मूँद कर बैठने से ध्यान नहीं होता। एकाग्रता के अभाव में इसे 'बगुलाभक्ति' कहते हैं। अत:ध्यान में विचारों की एकाग्रता का बड़ा महत्व है। लोग कुछ ही समय के ध्यान अभ्यास के साथ सिद्धि चाहते हैं। एक दो वर्ष के अभ्यास के बाद यदि उन्हें कोई प्रकाश या चमत्कार दिखाई नहीं पड़ा, तो वे कहते हैं—इससे तो कोई लाभ नहीं मिला। यह सब व्यर्थ है। पर भाई, भवन एक दिन में नहीं बनता। रूपरेखा, नींव, दीवार से लेकर सम्पूर्ण निर्माण तक कितना समय लगता है? कितने रूप बदलते है? यह क्या सत्य नहीं हैं? अत: मात्र कल्पना की अपेक्षा धैर्य और अध्यवसाय की महत्ता को समझना चाहिए।

कई लोग सिद्धियों के पीछे दौड़ते हैं। पर यह समझना चाहिए कि सिद्धियाँ तो स्वाभाविक परिणतियाँ हैं, योगी का लक्ष्य नहीं। उनका लक्ष्य तो आत्मसाक्षात्कार है। सिद्धियाँ तो मार्ग की सीढ़ियाँ मात्र हैं जिन पर आरूढ़ होकर मार्ग पर बढ़ने में सहायता मिलती है। आप तो आसन-प्राणायाम करते चलिए और आत्मानुभूति का आनन्द लीजिए। शेष सब स्वत: होता रहेगा। आप में शक्तिसंचय होगा, सुन्दर दृश्य भी दिखाई पड़ेंगे और अन्त में एक भावातीत आनन्द का अनुभव होगा जहाँ सभी कामनाओं का अन्त हो जाता हैं।

इश्वर हमें सब कुछ देते हैं। हमें तो ईश्वर को एक ही वस्तु का अर्पण करना है और वह है हमारा हृदय। ध्यान के समय शारीरिक हलचल ठीक नहीं। सिद्धि, समाधि के पीछे भी न दौड़ो। स्वाभाविक गति से बढ़ते रहना ही सफलता का मार्ग है। सफलता तो गन्तव्य के समान सबसे अन्त में आती है।

हमारा चरम लक्ष्य तो शान्ति और आनन्द है। अत: हमें किसी भी वस्तु पर अधिकार भावना नहीं रखना चाहिए। संसार में एक यात्री के समान चलिए। मार्ग में महल, बगीचे, फार्म, सम्पत्ति सब कुछ है, पर यात्री का कुछ भी नहीं। वह तो केवल एक दृष्टा है। संसार में सभी यात्री ही तो हैं। कुछ गए, कुछ

जा रहे हैं, कुछ जाने की तैयारी में हैं । धन सम्पत्ति; प्रिय परिजन सब पीछे छूट जाते हैं, एक सराय या होटल के यात्री के समान । इन बातों पर प्रायः स्वयं चलो । दूसरों को उपदेश देना ठीक नहीं । केवल परहित की सोचते रहो और परमार्थ करते रहो । अच्छे कार्यों का परिणाम भी अच्छा ही होगा । शुद्ध मन और सात्विक कार्यों का परिणाम शुभ ही होगा । ॐ शान्तिः!

११. गुरु का स्वरूप

(जिवोगॉस, सितम्बर, १९८३)

अपने गुरु गीता सुनी है । सामान्य व्यक्ति इसका सम्पूर्ण अर्थ नहीं समझता । आधुनिक बुद्धिवादी के लिए तो यह और भी कठिन है । बात यह है कि आजकल लोग 'गुरु' और 'प्रेम' शब्दों के अर्थ ही नहीं जानते क्योंकि वे उनकी वास्तविकता से अनभिज्ञ हैं । गुरु गीता का पाठ प्रारंभ में भगवान् शिव ने देवी पार्वती को सुनाया था । गीता का ज्ञान भी तो भगवान् कृष्ण ने अर्जुन को दिया था । भगवान् शिव के शब्द तो अत्यन्त प्राचीन है । वेद, उपनिषद् पुराण और भगवद्गीता सभी में गुरु पद के महत्व को स्वीकारा गया है । गुरु को तो ब्रह्मा, विष्णु और शिव का पद दिया गया है —

गुरुब्रह्मा, गुरुर्विष्णु , गुरुर्देवो महेश्वरः
गुरुर्साक्षात् परम ब्रह्मः ,तस्मै श्री गुरुवे नमः।।

किन्तु मानव अहंकार गुरु के इस महत्व को समझ नहीं पाता । इसके लिए एक कहानी हे । दो चींटियाँ थीं । एक नमक के पहाड़ में रहती थी तो दूसरी चीनी के पर्वत में । एक दिन दोनों मिलीं तो एक दूसरे का आवास पूछा । दोनों ने ही अपना स्थान चीनी का पर्वत बताया । वास्तविक चीनी वाली चींटी जानती थी कि सामनेवाला पर्वत तो नमकीन है । उसने दूसरी चींटी को भोजन को न्यौता दिया और घर ले गई । उसने प्लेट में चीनी परोसी, पर दूसरी चींटी के मुह में पहले से ही नमक की डली थी । पूछने पर उसने बताया कि दोनों का स्वाद एक ही है । असली चीनीवाली चींटी बात समझ गई और दूसरी चींटी से मुँह खुलवाया— देखा कि जीभतले नमक की डली है । उसे निकलवा दिया तो दूसरी को भी असली चीनी को स्वाद आया जिसकी अब उसने सराहना की । ठीक यही बात मनुष्यों पर बैठती है । लोग पूर्वाग्रहों से ग्रसित होते हैं और अच्छी बातें समझना ही नही चाहते । सदगुरु उन्हें पूर्वाग्रहों से मुक्त करता है और उनके हृदय में सच्चे ज्ञान की उत्कंठा उत्पन्न करता है ।

लोगों के सांसारिक दृष्टिकोण भिन्न होते हैं किन्तु ईश्वरीय नियम अन्ततः एक ही हैं । दृष्टिकोण की भिन्नता से ही लोगो में मतभेद और संघर्ष उत्पन्न होते हैं । सत्य तो एक ही है; समय और स्थान की सापेक्षता होती है अतः उनमें विरोधाभास होता है । अतः हमें उसे समझते हुए अन्तिम सत्य का लक्ष्य रखना चाहिए । इससे धर्म, जाति, भाषा, राष्ट्रीयता आदि के भेद मिट जाते हैं । हिन्दू, मुस्लिम, ईसाई सब एक ही परमपिता की सन्तान हैं । यह गूढ़ भेद सद्‌गुरु ही बता सकते हैं । इसलिए सद्‌गुरु को ब्रह्म अथवा इश्वर के समकक्ष बताया गया है। गुरुगीता में शिव पार्वती से कहते हैं, "जो लोग गुरु की बुराई करते हैं वे अनंत कालतक अन्धकार युक्त लोकों में निवास करते हैं । लोग धन के लिए निषिद्ध कार्य करते हैं । दो बुराइयों से बचना कठिन है—अहंकार और धन लोभ । चीनी दार्शनिक कन्फ्यूशियस का कथन है—संसार आपको महत्व नहीं देता तो दुखी क्यों होते हो? जिस दिन आप में महत्ता पैदा होगी, संसार स्वयं आगे बढ़ कर आपको समादृत करेगा । सूर्य के उदय होने पर कहने की आवश्यकता नहीं कि प्रकाश हो गया, दिन आ गया । इसी प्रकार सन्ध्या को स्वतः सक्रिय जीवन का अवसान हो जाता है । गुरु का भी व्यक्ति के जीवन पर ऐसा ही प्रभाव है; पर गुरु होना चाहिए वास्तविक; धन लोभी नहीं सच्चा गुरु ही मन में निर्मल ज्ञान से अन्धकार को दूर कर शान्ति और आनन्द का संचार कर सकता है ।

यह भी नहीं कि जीवन के बाद मृत्यु के साथ ही जीव बन्धन मुक्त हो गया । कई बार अनेक जीवन धारण करने पर भी आत्मा का अन्धकार और अज्ञान के भटकाव से त्राण नही होता । एसे में गुरु ही सत्य मार्ग का निदर्शन कर आत्मा को अनन्य शान्ति और मोक्ष प्रदान करते हैं । गुरु कोई व्यक्ति नहीं होता । वह तो परम शक्ति का अंश होता है । वह तो उस विश्वचेतना का स्वरूप है जो सर्वत्र विद्यमान है, शाश्वत और सत्य है तथा मुझ में भी है और आप सभी में भी हैं । माता पिता तो सभी जन्मो में मिल जातें हैं पर गुरु तो मानव देह में ही प्राप्त हो सकते हैं । इसलिए मुक्ति मानव देह में ही संभव है । सब महापुरुषों के भी गुरु रहे हैं; बारह सन्तों के गुरु ईसा, भगवान् राम के वशिष्ठ , कृष्ण के सन्दीप ऋषि, अर्जुन के स्वयं कृष्ण आदि, आदि । गुरू आज भी हैं उनके ज्ञान से है संसार आलोकित हैं । गुरु के प्रति समर्पण से सभी पापों का शमन होकर स्वतः मार्ग प्रशस्त हो जाता है ।

बाह्य आडम्बर से सच्चे गुरु की पहचान नहीं होती। सुन्दरवस्त्र, व्यक्तित्व, प्रभाव, चमत्कार आदि गुरु की पहचान नहीं। कहावत है 'मोल करो तलवार का, पड़ी रहने दो म्यान।' ब्रह्म ज्ञानी गुरु तो सरल हृदय, त्यागी, तपस्वी और निर्लिप्त होते हैं, जिन्हें किसी भी सांसारिक वस्तु की कामना नहीं रहती। अत: धैर्य और सहज बुद्धि से सद्‌गुरु की तलाश करो। किसी दिन आपकी पिपासा और सौभाग्य से सच्चे गुरु की प्राप्ति अवश्य होगी जैसे हमें श्री गुरुजी और महाप्रभुजी के दर्शन हुए।

१२. माया और विवाह

(बेलग्राड, अगस्त, १९८४)

सांसारिक माया का एक दृष्टान्त है। दो साथी एक नदी के किनारे जा रहे थे। वर्षाऋतु थी और बाढ़ आई हुई नदी में कोई चीज़ बहती दिखाई दी। एक मित्र तैराक था; धन के लोभ में नदी में कूद पड़ा और उस वस्तु तक जा पहुँचा, दुर्भाग्य से वह वस्तु एक भालू था जो प्रवाह में बह गया था; भालू ने उसे पकड़ लिया और संघर्ष होने लगा। दूसरे साथी ने पुकारा; यदि काम की वस्तु नहीं तो आजाओं; देर करना ठीक नहीं। इस पर वह व्यक्ति बोला—मैं तो आना चाहता हूँ; पर इस चीज़ ने ही मुझे पकड़ लिया है, आने नहीं देती। ठीक यही हाल हमारा इस दुनियाँ में है। हम पहले सांसारिक लोभ में उलझते है; फिर चाहकर भी नहीं निकल सकते।

माया अनेक रूपों में प्रकट होती है। तीर्थ यात्री के लिए जलधारा, मन्दिर में देव मूर्ति, राजा के धर रानी, योगी के शिष्य,देवता के देवी, सभी माया के रूप हैं। माया से कोई छूटता नहीं है। किन्तु माया से भयभीत होने की आवश्यकता नहीं। माया का मार्ग अनिवार्य तो है ही, इसके द्वारा प्रगति भी संभव है। दूसरी ओर विनाश का गर्त भी खोलती है। अत: इस क्लिष्ट मार्ग पर सावधानी से चलना होता है।

विवाह भी माया का स्वरूप हैं; पर सही रूप में चलने पर यह कल्याणकारी सिद्ध हो सकता है। पति पत्नी इसके दो पक्ष हैं। पक्षी के डैनों के समान यह उड़ने में सहायक है। प्रारंभ में सब ठीक चलता है; पर अन्त तक निर्वाह करना कठिन होता है। अत: सुख-दु:ख, उतार-चढ़ाव, भाग्य-दुर्भाग्य, अनुकूल-विपरीत स्थितियों में पारस्परिक प्रेम तथा विश्वास बनाए रखने से ही विवाहित जीवन आप की प्रगति, सुख, शान्ति और समृद्धि में सहायक हो सकता है। एकान्त योग का मार्ग अति कठिन है। इससे यह अच्छा है कि विवाहित जीवन में सांसारिक कर्तव्यों का निर्वाह करते हुए योग का भी अभ्यास करते रहो। योग की अनेक परिभाषाएँ हैं।

योगः सः चित्तवृतिनिरोधः अर्थात योग चित्तवृत्तियों के निरोध नियंत्रण को कहते हैं। इसी प्रकार योगः कर्मसु कौशलम—जिसका अर्थ है कि चतुराई पूर्ण कर्म का नाम ही योग है। समस्त जीवन ही वास्तव में एक योग है। खाने, पीने, रहने, सहने,सभी में योग है। समत्व भाव भी योग है। सुख-दुःख, प्रतिकूल विपरीत स्थितियों में मनुष्यों को विचलित न होकर एक समान ही बने रहना योग ही है। गीता में वर्णित स्थितप्रज्ञ के लक्षण योग की ही परिभाषा है। जीवन कर्म क्षेत्र है; इसमें सतत साधना और संतुलित आहार विहार युक्त निर्लिप्त भाव से जीवन यापना करना योग की श्रेणी में आता है। योग्य गुरु का संरक्षण आवश्यक है। यदि संयत संतुलित जीवन और कर्तव्य निर्वाह की योग्यता हो तो विवाहित जीवन भी योग ही है।

१३. ज्ञातव्य बातें

(राजैक, अगस्त, १९८४)

समस्त ब्रह्माण्ड एक प्रकाशित कक्ष के समान है जिसमें हम रहते हैं। बाहर का प्रकाश और शुद्ध हवा इस बात पर निर्भर है कि कक्ष की खिड़कियाँ कितनी खुली और उनका शीशा कितना स्वच्छ है। हमारे मन की निर्मलता और हमारे कर्म ही हमारे व्यक्तित्व के वातायन है।

आदान प्रदान की दुहरी प्रक्रिया है। श्वास अन्दर लेते हैं तो छोड़ना भी पड़ता है। सुख दु:ख आते जाते हैं। अच्छा बुरा भी मानसिक स्थितियाँ ही हैं। जो बुरा लगे उसे न देखो न सुनो। सावधान होकर अन्तरात्मा की आवाज़ सुनते रहो और उसी के अनुसार कार्य करो, किसी के कहने, प्रेरित करने से नहीं। ईश्वरीय प्रकाश सभी में व्याप्त है, उसी को अधिकतम आयामों में स्वीकार करो। श्रोता को ही सुनाओं,अपात्र को नहीं। आस्तिक को ज्ञान दो, नास्तिक को नहीं। लोग बात अधिक करते हैं, काम कम।

कम सोना,कम खाना, कम बोलना भी योग साधन है। समय और कर्म से सावधान रहो। गया समय वापस नहीं आता और किए हुए कर्म वापिस नहीं फिरते। योगाभ्यास युवावस्था में ही प्रारंभ करना अच्छा है पर शुभ काम में कभी देरी नहीं होती। यह न सोचो कि अभी बहुत समय है। काल करे से आज कर। मालूम नहीं कब बुलावा आजावे। अपने को निर्बल कभी न मानो; आप अनन्त शक्ति के आत्म विश्वासी बनो। इसी विश्वास से आप की वास्तविक शक्तियों का उद्घाटन होगा।

* * *

कुछ लोग योग का उपयुक्त समय पूछते हैं। वास्तव में दिन के कुछ अंश ऐसे हैं जो ध्यान के अधिक उपयुक्त है। सूर्योदय के समय समग्र जड़ चेतन प्रकृति में एक जागृति आती है। इसी प्रकार सन्ध्या के समय सभी प्राणी व प्रकृति क्रिया उपराम होकर विश्राम की तैयारी करते हैं। ये दोनों समय सन्ध्या कहे जाते हैं। 'सं' का अर्थ अच्छाई और 'ध्या' का अर्थ ध्यान है। इसलिए ध्यान के इस

सन्धिकाल को 'सन्ध्या वन्दन' कहा जाता है । इस समय चैतन्य और प्रकृति का संयोग होता है । इस समय 'सुषुम्ना' जागृत रहती है । इसलिए इस समय ध्यान करने से 'समाधि' लगती है ।

मानव शरीर में ७२,००० नाड़ियाँ हैं । इन से शक्ति प्रवाह होता है । इनमें इड़ा, पिंगल और सुषुम्ना मुख्य है । इड़ा का सम्बन्ध बायें नासा रन्ध्र से है जो चन्द्रमा नक्षत्र से प्रभावित है। पिंगला दाहिने नासा रन्ध्र से प्रवाहित हो सूर्य से प्रभावित है । चंद्रमा मन को चंचल करता है और इसमें समुद्र में ज्वार के समान भाव लहरें उठती बैठती हैं ।

सूर्य चेतना का प्रतीक है और पिगंला को प्रभावित करता है । दोंनो के समुचित संयोजन से सुषुम्ना जागृत होकर मन को उच्चत्तम स्थिति की ओर अग्रसर करती है । विष्णु, शिव और ब्रह्मा क्रमशः इनके स्थान देवता हैं ।

हमारे शरीर में दस रन्ध्र (छिन्द्र) हैं । नौ प्रकट रंध्रों से अलग दसवाँ मस्तक के ऊर्ध्व भाग में स्थित ब्रह्मरन्ध्र कहलाता है । एक सिद्ध योगी को इस पर नियंत्रण प्राप्त होता हैं । मृत्यु के समय साधरण व्यक्ति के प्राण किसी—नौ में से एक रन्ध्र से निकलते समय उसे रक्त-रंजित व खुला कर देते हैं । पर योगी और सिद्ध पुरुषों के प्राण ब्रह्मरन्ध्र से बाहर निकलते हैं ।

सन्ध्याकाल ब्राह्म मुहूर्त कहलाता है । प्रभात में सूर्यादय से २ घंटे पूर्व और एक घंटे पश्चात तक और सन्ध्या सूर्यास्त से आधा घंटा पूर्व और एक घंटा पश्चात तक का समय ब्राह्म मुहूर्त में सम्मिलित है । ध्यान के लिए दिन का एक और उपयुक्त समय दोपहर का है जब सूर्य मध्याह्न में स्थिर होता है । ध्यान के यही समय त्रिकाल सन्ध्या के उपयुक्त हैं । इन अवसरों पर सोना वर्जित है । हाँ, रात्रि जागरण, सेवाकार्य अथवा रोग पीड़ा की स्थितियाँ इसके अपवाद हैं और ऐसी स्थिति में सोना दोष पूर्ण नहीं होता ।

प्रभात में जागने के लिए रात्रि को अधिक और भारी भाजन न करें । उषःकाल में जाग कर ध्यान व योगाभ्यास सर्वोत्तम हैं । प्रभात काल का एक घंटे का अभ्यास दिन के अन्य पाँच घंटो के बराबर है । समय के विषय में ये कुछ अन्तरंग रहस्य हैं ।

फिर भी उपसंहार रूप में यह कहना समीचीन होगा कि ध्यान और योग के लिए कोई समय सीमा या बन्धन नहीं हैं। योगी को जब भी अवसर मिले वह योग साध लेता है और भक्त बाह्य क्रियायें करता हुआ भी ध्यान रत रहता है। इसलिए जब भी समय मिले और जो भी स्थान उपलब्ध हो, वे सब योग और ध्यान के लिए उपयुक्त है और उन्हें हाथ से नहीं जाने देना चाहिए क्योंकि समय और स्थान अनन्त हैं और उनका प्रवाह भी अजस्र असीम है। वे किसी के लिए विराम नहीं करते। जितना प्राप्त कर लोगे वही आपका अपना है। समय बीतने के बाद पश्चाताप के अतिरिक्त कुछ भी हाथ नहीं लगता।

१४. जीवन का उद्देश्य

योगी के लिए जीवन का एक ही उद्देश्य है—आत्म अथवा ईश्वर ज्ञान। परमार्थ, स्वस्थ और सुखमय जीवन और प्रसन्नतापूर्वक मृत्यु का वरण योगी के लक्षण हैं। उसका जीवन प्रकाश, शान्ति और मुक्ति की खोज में ही बीतता हैं। योग विज्ञान के अनुसार विश्व में ८४ करोड़ जीवयोनियाँ है जिनके तीन विभाग है:—

१. नभचर—आकाश में उड़ने बाले।

२. थल चर—पृथ्वी पर आवास करने वाले।

३. जल चर— जल में रहने वाले।

एक अन्य विभाजन भी है जिसमें प्राणियों के साथ वनस्पति जगत भी आ जाता है। यह उनकी उत्पत्ति से सम्बन्धित है।

१. उद्भिज—पृथ्वी से उत्पन्न—पेड़, पौधे आदि।

२. अंडज—अंडे से उत्पन्न—मत्स्य व जल जीव वर्ग, सरी सृप, पक्षी तथा कीटाणु।

३. योनिज—मातृगर्भ से उत्पन्न—दुग्ध पायी जीव-मानव, पशु व अन्य प्राणी।

समस्त जीव जीवन (जन्म) और मृत्यु के बन्धन चक्र से बँधे हैं। इन सभी स्तरो से सभी प्राणियों को गुजरना पड़ता है। मनुष्य से कीट पतंग और उसके विपरीत जन्मान्तर होते रहतें है। परिवर्तन अवश्यम्भावी है। एक जीवन में ही जन्म से लेकर मृत्यु पर्यन्त पल-पल में शारीरिक, मानसिक परिवर्तन होते रहते हैं। सभी जीवों में एक ही सर्वात्मा के दर्शन होते हैं, केवल रूप और प्रकृति का अन्तर है। सभी जीवो का उत्पत्तिस्थल एक—अतिचेतन पर ब्रह्म ही है — प्रत्येक आत्मा में उसी का वास है। रूप और प्रकृति के अनुसार आत्मा विचरण करती है। समस्त जीवन तो एक है पर मन और चेतना के विभिन्न स्तर है। यह सत्य है कि वनस्पति में भी प्राण है किन्तु उनके अनुभव करने की शक्ति उतनी

तीव्र नहीं होती जितनी सजीव प्राणियों की। इसी कारण योगी निरामिष भोजन करते हैं। योगी को ज्ञान है कि समस्त जीवन का मूल्य एक ही है। उसे सभी जीवों से सहानुभूति होती है। लोग स्वार्थ और स्वार्थ के वशीभूत अन्य जीवों को भोज्य बनाते हैं। सभी धर्मों में हत्या वर्जित है और यह मानव ही नहीं समस्त जीवों पर लागू होता है। जीवन अनिश्चित होते हुए भी सभी को प्रिय है। मृत्यु के भय से सभी प्राणी आतंकित हैं। इसलिए जीवदया का बड़ा महत्व। योगी सभी प्राणियों को आत्मवत् समझता हैं, फलतः वह मांस भक्षण नहीं करता। प्रकृति और कर्म के अनुसार किसी भी प्राणी के जीवन-चक्र को भंग करने का अधिकार किसी को नहीं है। कुछ जीव परजीवी अवश्य होते हैं, किन्तु वे निम्न कोटि के जीवों की श्रेणी में आते हैं। मनुष्य तो सर्वोच्च प्राणी है; उसे भले बुरे का ज्ञान है। अतः उसे मांस भक्षण नहीं करना चाहिए। शिकार के प्राणी के मन में एक भय व्याप्त हो जाता है; वह भय उसका भक्षण करनेवाले के मन को भी अवश्य प्रभावित करता है, इसलिए मांस भोजी व्यक्ति साधना और योग मार्ग से आशंकित रहते हैं। कुछ धर्मों में पशुबलि को मान्यता है पर यह उचित नहीं। इससे कई लोगों को धर्म के प्रति वितृष्णा उत्पन्न होती है। वास्तव में तो अहिंसा ही परम धर्म है। आस्तिक जन शारीरिक तो क्या मन और वचन से भी किसी को कष्ट नहीं पहुँचाते।

योग किसी धर्म विशेष का अंग नहीं, यह तो सार्वभौम है। कुछ लोग स्वार्थ के लिए इसका उपयोग करते हैं। उन्होने योग के विभेद कर लिए हैं—महालय योग, मन्त्र-तंत्र योग, स्वास्थ्य योग आदि आदि। योग और काम भोग के प्रचार से आजकल कुछ लोग जनता को पथ भ्रष्ट कर धन कमा रहे हैं। योग विद्या तो शाश्वत और अति प्राचीन है। उसके स्वरूप को लोग अर्थिक लाभ के लिए विकृत कर रहे हैं।

किन्तु योग तो सूर्य के समान प्रखर और प्रकाशमान है। सूर्य को बादल कुछ समय के लिए भले ही ढँक ले, वह तो समुज्वल रूप में प्रकाशित होगा ही। अतः योग को सीखो, उसका अभ्यास परिपालन करो। योगी के लिए सब धर्म समान हैं। वह रूढ़िग्रस्त नहीं होता। योग तो वह दैवी सम्पदा है जो प्रेम और सामंजस्य का सन्देश देता है। चौरासी लाख योनियों के जीवन चक्र से

छुटकारा पाने के लिए मानव जीवन का द्वार ही मुख्य साधन है। जन्म-मृत्यु के इस चक्र से छूटने के लिए मानव जीवन ही एक मात्र उपाय है। आहार, निद्रा और प्रजनन क्रियाओं में तो सामान्य प्राणी भी लिप्त हैं। मानव जीवन ही आत्मकल्याण का साधन है।

योगी के लिए सन्यास,विवाह से परहेज, विशेष वेश भूषा अथवा आसन प्राणायाम अनिवार्य नहीं है। बल्कि अनिवार्य तो शान्ति, साधना और विश्वजनीन प्रेम हैं। क्षमा, दया, अहिंसा और परमार्थ इसके अंग हैं। सब मनुष्य ऊपर से समान है पर कुछ लोग विशिष्ट योग्यताओं के साथ जन्म लेते हैं। ऐसे व्यक्तियों को थोड़ी साधना के बाद सिद्धि मिल जाती है और वे जहाँ भी रहते, कार्य करते हैं दूसरों को विशेष रूप से प्रभावित करते हैं। भगवान कृष्ण ने गीता में अर्जुन को इसी प्रकार के योग का उपदेश किया है। सम्यक् जीवन और सम्यक् अभ्यास से सिद्धि की प्राप्ति होती है। अर्जुन ने आशंका व्यक्त की—भगवन्, यदि साधक की बीच में ही मृत्यु हो जावे अथवा योगी पथ भ्रष्ट हो जावे तो क्या होगा? कृष्ण समाधान करते हैं कि पूर्व संचित साधना विद्यमान रहती है और उचित अवसर पाकर पुन: जागृत हो उठती है, अत: साधना में धैर्य की जरूरत है। कुछ लोग यहाँ पर मुझे भी झुंझला कर कह देते हैं—आप भारत में जाकर योग सिखाइए। यहाँ इसकी क्या आवश्यकता है? विवाहित जीवन में कदाचित् जीवन साथी को योग में रुचि न हो। ऐसी अनेक बाधाएँ हैं। पर साधक को धैर्य से अपने पथ पर आरूढ़ रहना चाहिए। उचित अवसर आने पर सभी बाधाएँ स्वत: ही दूर हो जाती हैं। समस्यायें यूरोप में ही नहीं; भारत में भी हैं। वहाँ भी लोग अपने बच्चों को योग सिखाने से डरते हैं। उन्हें आशंका रहती है कि योग के पीछे कहीं यह दुनियाँ छोड़ कर वैराग्य न ले ले किन्तु योग तो वैराग्य नहीं। यह तो एक जीवन पद्धति है और है अति शान्तिमय,सुन्दर और समन्वित संतुलित जीवन। कुछ बातें वहाँ अच्छी है।। समाज की अधिकांश जातियों और वर्गों में जीव हत्या, मांस भक्षण, सुरापान जैसे व्यसन परम्परा से निषिद्ध है; इससे उनसे बचने में बड़ा सहयोग सुविधाएँ हैं। गाय को वहाँ विशेष रूप से पवित्र माना गया है पर वहाँ सब उसको पर्याप्त और उचित खाना नहीं मिलता और न ही समुचित व्यवहार। इसी प्रकार यूरोप की देखादेखी भारत में भी जीवन पद्धति

बदल रही है । मांस-मदिरा सेवन, पाश्चात्य नृत्य-संगीत के प्रति रुचि, फैशन और विलासिता के प्रति आकर्षण आधुनिकता के पर्याय माने जाने लगे हैं । अत: चाहे भारत हो या यूरोप, मानव जीवन को केवल खाने, पीने पहनने और विलासिता तक सीमित रखना तथा साधना सिद्धियों से विहीन रोग, पीड़ा और अन्तत: मृत्यु झेलना ही जीवन का लक्ष्य नहीं है । हमें तो जीवन के उद्‌गम की ओर लौटना होगा और विश्व प्रेम की भावना को समझना होगा । 'आत्मवत् सर्व भूतेषु' के अनुसार सव जीवों पर दया से लाभ ही होगा । मांस की अपेक्षा पशुओं के पालन और दुग्ध सेवन से खाद्य समस्या का कहीं अधिक समाधान हो सकता है । यूरोप के घनाढ्य देशों से खाद्य सामग्री बचाकर एशियाई और अफ्रीकी देशों के दीनहीन जनों और बालकों के अभाव की पूर्ति की जा सकती है । पर इसके लिए थोड़े त्याग की आवश्यकता होगी ।

१५. स्वामी जी का जन्म दिन

(राजैक, १५ अगस्त १९८४)

अधिकांश लोग अपना जन्म दिन मनाते हैं, किन्तु किसी के मृत्यु दिवस को उत्सव मनाने की परंपरा कम ही देखने को मिलती है। योगी के लिए जन्म और मृत्यु जीवन की समान घटनाएँ हैं। जन्म के समय बालक रोता है और लोग खुशी से हँसते है; पर महात्मा लोग मृत्यु के समय प्रसन्न रहते है, यह सोचकर कि मृत्यु तो जीवन की अन्तिम और अवश्यंभावी परिणति है। उसी समय अन्य लोग मृत्यु के अवसाद से रो रहे होते हैं।

संसार की यही प्रकृति है—आवगमन। अपने जन्मदिन पर मैं जीवन प्राप्ति के लिए अपने माता पिता के प्रति कृतज्ञता ज्ञापित करता हूँ। इस दिन मैं जीवन में सत्कार्य करने और अपने कर्तव्योंके निर्वाह का संकल्प करता हूँ।

सामान्य बालक के रूप में जन्म पाकर मेरे गुरु ने मेरा कायाकल्प किया, इसके लिए मैं उनका अति कृतज्ञ हूँ। उन्होंने मुझ अशिक्षित और अल्पबुद्धि को सपने लक्ष्य का बोध कराया और अपने स्पर्श से लौह को कंचन में बदल दिया। मुझे उन्होने विगत जीवनो का भी ज्ञान कराया। आप नहीं जानते कि आप में से अनेक के साथ विगत में मेरा सम्बन्ध-सम्पर्क रहा है। मुझे पश्चिम में आने की प्रेरणा इसी से हुई। भीरत का सामान्य नागरिक तो वर्षों के कठोर परिश्रम से यहाँ की वायुयान यात्रा के टिकट के पैसे नहीं जुटा सकता, किन्तु मेरे कर्म और भाग्य से यह सब प्रत्यक्ष है। महाप्रभुजी की कृपा से मुझे आप सब लोगों की सेवा का अवसर मिला है। मेरे जीवन का लक्ष्य यही है कि मैं आप लोगों के मध्य रहकर उनकी बात समझ सकूँ, उन्हें अपनी बात समझा सकूँ और उनके कल्याण के हित में उनकी सेवा कर सकूँ। उनके दुःख और अवसाद को दूर करने में सहायक हो सकूँ।

अतएव आज सभी को मेरे जन्म दिवस के उपलक्ष में शुभकामना प्रकट करने के लिए धन्यवाद। वास्तव में तो आत्मा जन्म और मृत्यु के बन्धन से मुक्त है, फिर भी इस जीवन के प्रत्येक सुन्दर क्षण के लिए ईश्वर को धन्यवाद। मेरे पास

जो कुछ है उसे सर्वस्वरूप में आपको समर्पित है; वैसे मेरे पास देने को है भी क्या?

आपकी भेंट प्रतीकों के लिए धन्यवाद। आपकी सबसे मूल्यवान भेंट मेरे लिए आपका विश्वास और प्रेम ही है। सभी को आशीष।

ॐ शान्ति, शान्ति, शान्तिः

१६. मन्त्र

(राजैक, अगस्त, १९८४)

मन्त्रों के विषय में आजकल बहुत चर्चा है । बहुत से लोग मन्त्र का अर्थ नहीं जानते और उससे भयभीत रहते हैं । साधक को इस भय से मुक्त होना चाहिए । सृष्टि के प्रारंभ में केवल शून्याकाश था । संस्कृत में इसे हिरण्यगर्भ कहा जाता था । इसे विश्वचेतना का नाम दिया जा सकता है । सूर्य, चन्द्र, पृथ्वी, समस्त ग्रह और दृश्यमान जगत इसी ब्रह्माण्ड में समाहित हैं । ब्रह्म परमेश्वर का ही नाम है जो एक और सम्पूर्ण है । इसी शून्याकाश में इच्छाशक्ति की उत्पत्ति हुई । शक्ति ऊर्जा को कहते हैं । शक्ति के साथ संचार का संयोग है । संचार में विस्तार और प्रगति निहित है । विस्तार जीवन का लक्षण है । जीवन छद्म और अचेतन होते हुए भी विस्तार के साथ गतिशील हो जाता हैं और इच्छाशक्ति से ही विस्तार होता है । इसमें ध्वनि 'तरंगें' या 'नाद' उत्पन्न होता है ।

ध्वनि विश्व का सर्वशक्तिशाली तत्व है । इसके समान अन्तर्प्रवेश की शक्ति अन्य किसी वस्तु में नहीं । ध्वनि ही विश्व को तरंगायित करती है । वह मूल ध्वनि "ॐ" है जो स्वयं एक आदि मंत्र है । इस ध्वनि से प्रारंभिक विस्फोट हुआ जिसके परिणाम से प्रकाश की उत्पत्ति हुई । इस 'ॐ' ध्वनि से सत्वं, रज और तम के तीन गुण निकले—सात्विक-शुद्ध, राजसिक-निर्माण और तामसिक—मात्सर्य के प्रतीक है । इन्हीं तीन गुणों के संयोग से वायु, अग्नि, जल, पृथ्वी की उत्पत्ति हुई और पाँचवाँ तत्व 'स्थान' अथवा रिक्ताकाश पहले ही अस्तित्व में था ही । यह शून्य अथवा 'ईथर' प्राण अथवा जीवनी शक्ति से ओतप्रोत होता है । इन्हीं पाँच मूलभूत तत्वों से संसार की रचना हुई है । उनके संयोग से ही प्राणी-जीवन की उत्पत्ति हुई । इनमें से एक तत्व के निकलते ही प्राणी की मृत्यु निश्चित है । प्राणी की रचना में वायु का श्‍वास प्रश्वास, अग्नि का ऊष्मा और शक्ति, जल की तरलता और रक्त प्रवाह और पृथ्वी तत्व का शरीर की भौतिक रचना में समायोजन होता है । इन सभी तत्वों के समुचित सामंजस्य से व्यक्ति तन-मन से स्वस्थ रहता हैं । इनके अभाव में बीमारी और बेचैनी का अनुभव होता है । ॐ शब्द के तीन

अक्षर 'अ', 'उ' और 'म्' इस विश्व चेतना के प्रारंभ, मध्य और अन्त के संकेतक हैं। प्रजापति ब्रह्मा ने जगत् की रचना की; ब्रह्म के विष्णु रूप ने इस की पालना की और तीसरे रूप शिव ने इसके संहार का उत्तरदायित्व लिया। वे सब एक ही परमशक्ति 'ईश्वर' के विभिन्न रूप हैं, अभेद और अगोचर हैं। पर ब्रह्म सत्ता की इच्छा के बिना एक पत्ता भी नहीं हिल सकता। 'शब्द' अथवा ध्वनि से जगत् का प्रारंभ हुआ। वेदों के अनुसार - 'नाद रूप पर ब्रह्म' अर्थात परमेश्वर भी शब्द रूप ही है। शब्द को आज कल केवल सम्प्रेषण का आधार माना जाता है किन्तु वह इससे कहीं बहुत विस्तृत व शक्तिमान है। प्रत्येक स्पन्दन में ध्वनि है और प्रत्येक ध्वनि का अर्थ। ध्वनि अजस्त्र शक्ति का प्रतीक है। एक शब्द सारे विश्व को हिला सकता है। 'शब्द' या ध्वनि से अधिक शक्तिमान ब्रह्माण्ड में अन्य कुछ भी नहीं है। महान् शक्तिमय प्रेम का भी मधुर अथवा कटु शब्दों के साथ उतार चढ़ाव का सम्बन्ध है। प्रत्येक शब्द का श्रोता की चेतना पर प्रभाव होता है। महाप्रभुजी के वचन हैं कि बोलने से पूर्व अपने वचन को मन में तोलो और फिर बोलो। मधुर वाणी का वास्तव में बहुत बडा महत्व है। इसी प्रकार कटु वचन से जितने शत्रु बनते हैं, उतने अन्य किसी कार्य से नहीं। संस्कृत में उक्ति हैं—

न ब्रूयात् सत्यम् अप्रियम्।

अर्थात सत्य को कठोर शब्दों में न कहो।

विचार और भावनाएँ शब्दों द्वारा ही व्यक्त होती हैं। वैज्ञानिक आधार पर जैसे पदार्थ का शक्ति में परिवर्तन हो सकता है और वे अन्तत: एक ही हैं; उसी प्रकार विचार, भावनाएँ और शब्द भी एक ही परिवार के हैं।

मन्त्र एक विशेष शब्द, वाक्य या पद होता है जिसमें अतुल शक्ति होती है और जिसे अभ्यास द्वारा सिद्ध किया जाता है। जिस प्रकार रसायन शास्त्री और चिकित्सक किसी दवा के द्रव्य का प्रयोगशाला में परीक्षण करने के पश्चात् ही वांछित परिणाम के लिए प्रयोग करते हैं, उसी प्रकार योगी, गुरु और मनीषियों ने ब्रह्माण्ड की सूक्ष्म शक्तियों को शब्द बद्ध कर उनको सिद्ध किया और मानव हित में उनका वरदान किया।

संस्कार और निषेध भेद के अनुसार कुछ अपकारक मन्त्र भी होते हैं जिन्हें शीघ्र सिद्ध किया जा सकता है। कुछ लोग अपने स्वार्थ, अहं अथवा ईर्ष्या भाव से दूसरों को हानि पहुँचाने के लिए ऐसे मन्त्रोंका प्रयोग करते हैं, पर यह अनुचित

है, पाप है । सामान्य जन ऐसे जादूगरों से भयभीत रहतें हैं । इससे बचने का सही उपाय यही है कि हम कुछ शुभ मंत्रों को सिद्ध कर उनका जाप करें जिससे ऐसे कुप्रभावों से रक्षा हो सके । योरोपीय देशों में धन की बाढ़ से मानसिक शान्ति के लिए भारतीय योग विद्या में रुचि उत्पन्न हुई और वहाँ उन्होने अनेक नये आश्रमों की स्थापना की है । इनमें से कुछ में योग का वैज्ञानिक पद्धति से अभ्यास भी होने लगा है जो एक शुभ संकेत है । विभिन्न प्रकार के मंत्रो में ब्राह्मिक अथवा सात्विक मंत्रो के साथ देवी मंत्र भी होतें हैं । देवी, शक्ति या प्रकृति का रूप है और उसके मंत्र-तंत्र अथवा जादू प्रधान होते हैं । उनकी सिद्धि सर्व साधरण के लिए उपयुक्त नहीं । निर्गुण मंत्र कल्याणकारी होने के कारण सभी के लिए हितकर है । प्रकाश, ध्वनि और शुभ कार्यों के लिए दैविक आह्वान ही निर्गुण मंत्रां का मन्तव्य है । इनका लक्ष्य शान्ति और मुक्ति है ।

मंत्र से समस्याओं का समाधान होता है । इससे अन्तःकरण शुद्ध निर्मल होता है । जहाँ भी आप रहते, जाते है, मंत्र से वायुमंडल शुद्ध होता है । यह आप का मार्गदर्शन करता है और गुरु से निकट सम्पर्क बनाए रखता है । जब कष्ट निवारण के अन्य साधन चुक जाते हैं तो मन्त्र आप का अन्तिम आश्रय है । किन्तु मंत्र सिद्धि सरल कार्य नहीं है । यह आपकी समस्त भावनाओं, विचारों और व्यवहार को परिवर्तित करता है । लिखना, बोलना, जाप, विचार और अन्तःआवृत्ति इसके पाँच स्तर हैं । महाप्रभुजी के वचन हैं—''मन्त्र शक्ति गुप्त रूप से कार्य करती है; बिना क्रिया के सब कार्य संभव हो जाते है ।''

निर्गुण ब्राह्मिक मंत्रों के कुछ उदाहरण प्रस्तुत हैं । ये आत्मा की मुक्ति में सहायक हैं । ये है सोऽहं, अहं ब्रह्मास्मि और तत्वमसि । इन सब का एक ही अर्थ है और वह है आत्मा की महत्ता और उसमें दृढ़ विश्वास की जागृति । मै ही ब्रह्म हूँ जो वह है वही मैं हूँ और मेरा तथा तेरा एक ही स्वरूप है । इस प्रकार आत्मा को ईश्वर का अंश बताया गया है । ये मन्त्र हमें ईश्वर और परमसत्ता से पुनर्मिलन करवाते हैं । ये जन्म-मृत्यु बन्धन से मुक्त कर आत्मा को मोक्ष की ओर अग्रसर करते हैं । सभी महात्माओं, योगियों को गुरु और उनके द्वारा प्रदत्त मंत्रशक्ति के द्वारा ही सिद्धि प्राप्त हुई है । प्रजापति अथवा परमशक्ति चौथा स्वरूप गुरु ही है । राम, कृष्ण, बुद्ध, ईसा, मुहम्मद और महा प्रभुजी जैसे अवतारी पुरुषों का गुरु रूप में ही आविर्भाव हुआ ।

ब्रह्मा, विष्णु और महेश की त्रिगुण शक्तियाँ अखिल विश्व का संचालन करती हैं। यह सत्य है, किन्तु व्यक्ति के मार्गदर्शन और सांसारिक विपदाओं तथा भवजाल से मुक्ति के लिए वे ही शक्तियाँ गुरु रूप में अवतरित होती हैं और अपनी करुणा से भक्त का परित्राण करती हैं। 'उत्पत्ति' और 'प्रलय' के अतिरिक्त अन्य सभी शक्तियाँ गुरु को प्राप्त हैं। उपरोक्त दो शक्तियाँ तो ब्रह्मा और शिव के हो अधीन हैं।

यह बात स्वतः स्पष्ट है जब संसार में पाप कर्मों का आधिक्य हो जाता है, तो बाढ़, अग्नि, भूकम्प, महामारी जैसे प्राकृतिक प्रकोप प्रकट होते हैं और पापीजनों का विनाश करते हैं। महाप्रभुजी धर्म सम्प्रदाय के विभेदों से ऊपर उठकर सभी भक्तजनों को मोक्ष मार्ग का ज्ञान देते थे।

इस प्रकार अपनी योग्यता को पहचान, आत्म विश्वास अर्जित करो, मन्त्र सिद्धि करो और स्व तथा परोपकार के हित अहर्निश प्रयत्नशील रहो। भावना में प्रवाहित न होकर बुद्धि से काम लो। लोभ का त्याग करो। सिद्धियों के चक्कर में न पड़ो। एक स्वाभाविक प्रेममय, सर्वहिताय मोक्ष मार्ग पर आरूढ़ रहो। मंत्रशक्ति इसमें अत्यन्त सहायक है और उससे सफलता प्राप्त होती है।

१७. अन्तर्ध्वनि—वास्तविक और मिथ्या

कभी-कभी हमें आभास होता है कि हमारी अन्तर्ध्वनि हमें किसी कार्य के करने को प्रेरित कर रही है; पर कई बार इसके विपरीत परिणाम सामने आते हैं और हमें यह सोचने को बाध्य होना पड़ता है कि वह तथा विचारित अन्तर्ध्वनि सत्य न होकर प्रमाद, अहं, स्वार्थ तथा अन्य किसी तुच्छ कारणवश हमारा एक भ्रम मात्र था। इस प्रश्न के समाधान और वास्तविक अन्तरात्मा की ध्वनि को पहचानने के लिए विवेक की आवश्यकता है। निस्संदेह आत्मा का स्वरूप दैवी है और उसकी वास्तविक ध्वनि तो सत्य है। किन्तु यह पहचानने की जरूरत है कि कहीं यह ध्वनि हमारी आशंकाओं कामनाओं से प्रेरित तो नहीं है। यदि यह काल्पनिक और असत्य है तो इसे विवेक से सावधानीपूर्वक नियंत्रित करना होगा। कभी-कभी बुद्धि अपने अहं और स्वार्थ के लिए असत्य मार्ग दिखा देती है; पर विवेक सत्य असत्य के भेद को मिटा कर सही मार्ग दिखाता है। इसके लिए सामान्य मानक यही है कि जो बात, विचार या कार्य आपके तथा अन्य सभी के हित में है वह विवेक संगत है। इसके प्रतिकूल जो केवल आपको सुख-सुविधादायक है, औरों के लिए नहीं, वह असत्य और आडम्बर है। अत: आत्म तृप्ति और भोग की सभी इच्छाओं से सावधान रहकर परमार्थ के कार्य अधिक श्रेयस्कर हैं। दृष्टि, स्वाद, श्रवण और गन्ध आदि की ज्ञानेन्द्रियाँ हमें विचलित करती रहती हैं; इनपर कठोर अनुशासन होना चाहिए।

योग का अर्थ केवल आँख मूँद कर मंत्र जाप करना ही नहीं है वरन् अपने चिदावास में आत्मस्वरूप के दर्शन करना ही उसका मूल अभीष्ट है। भावनाओं को दमित करना ठीक नहीं; उन्हें सही मार्ग से सन्तुष्ट करना बुराई नहीं है। प्रार्थना और मन्त्र इसमें सहायक होंगे। अभ्यास और साधना से सफलता मिलेगी। समय बीत रहा है। इसके एक एक क्षण का सदुपयोग करना सीखो।

कुछ लोग मन और चेतना में भेद की जिज्ञासा करते हैं। मन में वासनाओं, विचारों और इच्छाओं की उत्पत्ति होती है। चेतना ही उत्पत्ति चित्त से है। यह

आत्मा का प्रकाश है । चेतना दर्पण के समान है जिसमें आत्मस्वरूप के दर्शन होते हैं । दर्पण छोटे-बड़े, स्वच्छ-अस्वच्छ हो सकते हैं । इसी प्रकार विभिन्न प्राणियों और व्यक्तियों में चेतना के स्तर अलग-अलग हैं । योग सूत्र में पातंजलि का कथन है—

योग: स चित्तवृत्ति निरोध:

चित्त वृत्तियों के नियंत्रण को ही योग कहते हैं । चित्त जल के समान है। वृत्तियाँ उसकी ऊर्मियाँ हैं । कहते हैं कि योगी को सागर तल के समान शान्त, स्थिर और अचल होना चाहिए । यह सन्तोष से ही संभव है । ऊपर कुछ सिद्धियों का स्पन्दन हो सकता है; लेकिन गहरे अन्तर में योगी अचल, प्रशांत होता है। वह सत्, चित् और आनन्द से युक्त है ।

१८. वर्तमान–सबसे उपयुक्त समय

अब उज्जायी प्राणायाम और खेचरी मुद्रा के विषय में कुछ बता रहे हैं। राजयोग के अनुसार प्राणायाम के तीन भेद हैं। १. पूरक-श्वास खींचना, २. कुंभक-श्वास को रोकना और ३. रेचक - श्वास को बाहर निकालना। किन्तु आगे चलकर इनके कई विभेद हो गये हैं जिनका शरीर और मन पर विशिष्ट प्रभाव होता है।

उज्जायी प्राणयाम से कई शारीरिक रोगों का निवारण हो सकता है। यथा रक्तचाप, टान्सिल रोग आदि। इसका ध्यान केन्द्रित करने तथा संगीत साधना में भी उपयोग होता है। कुंडलिनी योग के अनुसार इसका प्रभाव कुछ अन्य प्रकार का है। मानव शरीर में विशिष्ट केन्द्र या चक्र होते हैं। हस्तरेखा ज्ञान में इन्हीं चक्रों के प्रभाव का अध्ययन किया जाता है। शरीर के भिन्न स्थानों के केन्द्रों का मन, आत्मा और चेतना पर विभिन्न प्रभाव होता है। ये केन्द्र वायु मंडल से प्राणशक्ति भी ग्रहण करते हैं। चक्रों में निम्न से उच्चतर की ओर पशु और वीर चक्रों के भेद भी हैं।

सबसे प्रथम सुषुम्ना और कमर के सन्धिस्थल के निकट मूलाधार चक्र है। उसके ऊपरी भाग में अनाहत चक्र आता है जिसका अर्थ है अनन्त। बिन्दु चक्र से झरने वाले अमृत का पान करने के लिए खेचरी मुद्रा का विधान है। यह चक्र सिरोभाग पर आज्ञाचक्र और सहस्रार चक्र के मध्य स्थित है। हिन्दू लोग सिर पर बालों का एक गुच्छा रखते हैं जिसे चोटी कहते हैं। हरे कृष्ण सम्प्रदाय के लोग भी चोटी रखते हैं, यह बिन्दु चक्र पर केन्द्रक के रूप में होता है और बड़ा लाभकारी है।

योगाभ्यास में प्रमाद मत करो क्योंकि भविष्य पर छोड़ रखने से कभी काम नहीं होता। कहावत है—कल कभी नहीं आता—कल भी 'आज' ही के रूप में प्रस्तुत होता है। इसीलिए तो कहते हैं—

काल करे सो आज कर, आज करे सो अब्ब।
पल में परलय होयगी, बहुरि करेगो कब्ब?

बिन्दु चक्र से निसृत होकर वह अमृत मणिपूर चक्र में समाहित होता है। योगी लोग खेचरी मुद्रा द्वारा इसका पान करते हैं। उज्जायी प्राणायाम द्वारा जिह्वा को तालु भाग में पीछे मोड़कर योगीजन इसका रसास्वादन करने में समर्थ होते हैं। यही खेचरी मुद्रा कहलाती है। यह कठिन अवश्य है पर अभ्यास से साध्य है। विशुद्धि चक्र इस में सहायक होता है। वास्तव में ये सब क्रियायें हठ योग के अंग हैं। हठयोग एक अलग विज्ञान है जिसकी साधना कठिन है और जिसे गुरु के निर्देशन में दीर्घ और सतत अभ्यास से ही सिद्ध किया जा सकता है।

इससे स्पष्ट है कि सामान्य साधक के लिए इन अभ्यासों की विशेष आवश्यकता महत्ता नहीं है। योग के सन्दर्भ में इनका कुछ उल्लेख किया गया पर आप लोग इनके बिना ही सरल मार्ग से अपना लक्ष्य प्राप्त कर सकते हैं। मैने भी ये सब साधन किए हैं और स्वास्थ्य तथा शक्ति भी प्राप्त की पर एक बार गुरुजी ने जब यह सब देखा तो कहने लगे, "महेश! मोक्ष तो आत्म ज्ञान से प्राप्त होता है, शरीर साधना से नहीं।" तब से मैंने ये अभ्यास त्याग दिए।

योग विद्या से तन-मन, श्वास-प्रश्वास, चेतना सभी पर नियंत्रण कर ब्रह्मलोक मोक्ष या समाधि अवस्था की ओर अग्रसर हुआ जा सकता है। जब ज्ञान, ज्ञाता और ज्ञातव्य तत्व सब एक में समाहित हो जाते हैं, तब आपको 'सच्चिदानन्द' 'निरंजन', 'अखण्ड', अचल' और 'नित्य' का आभास अनुभव होने लगता है। यही सच्चा ज्ञान, प्रेम, आनन्द और तत्व बोध है।

योग के चार मार्गों में एक 'कर्म योग' बड़ा महत्वपूर्ण है। हम सभी को कर्म अवश्य करते रहना चाहिए। शिक्षा और ज्ञानदान, स्वच्छता अभियान, धर्म अनुष्ठान इन सब में योगी भी अपना अंशदान कर कर्मयोग का लाभ प्राप्त कर सकता है। सभी के प्रति शुभकामनाएँ।

हरिऽओम्

१९. ज्ञान योग

(राजैक, अगस्त,१९८४)

आज ज्ञान योग की चर्चा करेंगे । ज्ञानयोग उच्च आध्यात्मिक मार्ग है । यह सहज साध्य नहीं है । यह अत्यन्त सूक्ष्म एवं कठिन है । उच्च शिक्षा युक्त और प्रबुद्ध लोगों में भी बुद्धिवादी तार्किकता अधिक होती है और उदार विचारों की कमी । ये भी ज्ञान मार्ग में बाधक हैं ।

योग के चार मार्ग हैं:—भक्ति, कर्म, राज और ज्ञान योग । योंगे के ये चार आधार स्तंभ हैं । ज्ञान योग के भी चार सिद्धान्त हैं जिनका अनुसरण अभ्यास आवश्यक है । ज्ञान योगी के हृदय में सत्य की खोज के लिए एक प्रखर जिज्ञासा होती है । इसके लिए विवेक की आवश्यकता है । विवेक सूक्ष्म और निर्णायक बुद्धि का नाम है । यह प्रकृति और पुरुष का भेद स्पष्ट करता है । सूत्र है—मनोमात्र जगत् अर्थात संसार केवल मन की रचना है । दूसरी ओर 'ब्रह्म सत्यं, जगत् मिथ्या' के अनुसार ब्रह्मा को एकमात्र सत्य और संसार को असत्य व काल्पनिक कहा गया है । ज्ञान की प्राप्ति के लिए वैराग्य आवश्यक है ।

वैराग्य की स्थिति की तुलना उस व्यक्ति से की जा सकती है जो कहीं विदेश में है पर जिसे अपने घर की स्मृति सदा बनी रहती है । जैसे अबोध शिशु की माता को सब अन्य कामों में व्यस्त रहते हुए भी अपने शिशु का ध्यान निरन्तर बना रहता है, वही स्थिति एक वैरागी की होती है । वैरागी समझ लेता है कि संसार में मेरा अपना कुछ नहीं है । जो कुछ भी है सभी का है और मेरा तो इसमें अंश भाग है । यह स्थिति कठिनाई से प्राप्त होती है क्योंकि मोह और वास्तविक प्रेम में भेद कठिन है । मोह में ईर्ष्या, दु:ख, निराशा, भय और लोभ जैसे दारुण भाव उत्पन्न होते हैं, जब कि प्रेम से सुख और निर्लिप्तता प्राप्त होती है ।

लोभ तो दिन प्रतिदिन बढता है । आपकी वस्तु पर दूसरे के अधिकार से आप में क्रोध उत्पन्न होता है । आप सोचते हैं—यह वस्तु तो मेरी है । पर वास्तव में यहाँ अपना कुछ भी नहीं । माता-पिता, भाई-बन्धु, मित्र परिजन, पति-पत्नी सभी

से एक दिन विलग होना है । यह शरीर भी तो अपना नहीं है । इसे छोड़ना ही पड़ेगा ।

वैराग्य के भी दो प्रकार हैं । वास्तविक और श्मशानी अथवा मृत्यु दर्शन के समय उत्पन्न । किसी व्यक्ति की मृत्यु के समय तो सभी को एक वैराग्य उत्पन्न होता है । वे सोचते हैं—मृत्यु अवश्यंभावी है । संसार असार है । हमारा कुछ भी नहीं है; सब वस्तुएँ यहीं रह जानी हैं आदि, आदि किन्तु कुछ समय बाद स्थिति बदल जाती है और हम संसार के बन्धनों में पूर्ववत बंध जाते हैं ।

कुछ लोग योग में तत्काल सिद्धि चाहते हैं । थोड़े से अभ्यास और सफलता के अभाव में वे निराश होकर उसका परित्याग कर देते है । यह उचित नहीं । पहले निर्णय कीजिए और फिर उस पर दृढ़ रहिए । कठिनाइयों को धैर्य पूर्वक झेलना सीखिए और अपने मार्ग पर निरन्तर चलते रहिए । इसी से सफलता मिलेगी ।

ज्ञान योग के अनुसार छह बहुमूल्य कोष हैं जिन्हें हमें प्राप्त करना चाहिए । उन्हें सत् सम्पत्ति कहा जाता है । उनके नाम हैं: सम, दम, श्रद्धा, तितिक्षा, उपरति और समाधान । इनकी प्राप्ति से मनुष्य परम वैभवशाली हो जाता है, सांसारिक नहीं वरन् आन्तरिक, आध्यात्मिक वैभव से । सम का अर्थ सभी वस्तुओं को एक और निर्लिप्त भाव से देखना और अपने आत्म का सबसे तादात्म्य करना है । दम का अर्थ इन्द्रिय निग्रह और आत्म-नियंत्रण है । इससे इच्छाओं के त्याग में सहयोग मिलता है । श्रद्धा का अर्थ विश्वास है। गुरु, शास्त्र और ईश्वर में विश्वास ही श्रद्धा भाव है, जिसके बिना योग में प्रगति संभव नहीं । उपरति का तात्पर्य है सभी निषेधात्मक प्रवृत्तियों से ऊपर उठना । तितिक्षा दृढ़ता सिखाती है । भूख-प्यास, सर्दी-गर्मी, सुख-दुःख सभी अनुकूल-विपरीत स्थितियों में निरन्तर साधना रत रहना तितिक्षा के लक्षण हैं । ज्ञान योगी अपने अहम् का शमन कर क्षमा, प्रेम और आनन्द लोक में विचरण करता है ।

योगी कभी प्रमाद नहीं करता। ज्ञान योगी मुमुक्षु होता है । अर्थात उसे मोक्ष प्राप्ति की इच्छा सदैव बनी रहती है । मोक्ष सभी प्रकार के योगियों का चरम लक्ष्य है । अन्धानुयायी बनना ठीक नहीं । अन्धे को अन्धा मार्ग नहीं दिखा सकता । अभ्यास और साधनारत रहो । केवल सिद्धान्तों के ज्ञान से कुछ नहीं होता । साक्षात्

प्रयोग करके देखो । ज्ञान योग में शास्त्र पठन का बड़ा महत्व है । अच्छे ग्रन्थों का अध्ययन करो । भगवद् गीता अत्यन्त सुन्दर सन्देशयुक्त ग्रन्थ है । वह कर्म योग की शिक्षा देता है । साथ में ज्ञान और भक्ति योग का भी समन्वय है । इसके अनुसार प्रत्येक व्यक्ति को अपना कर्तव्य करना चाहिए; उसके लिए संघर्ष भी उचित है । भगवान् कृष्ण ने महाभारत युद्ध के समय अर्जुन को अपने अधिकारों की रक्षा और कर्तव्य पालन के लिए कौरव युवराज दुर्योधन के अन्याय के प्रति सशस्त्र संघर्ष का संदेश दिया था । 'योगी' शब्द से यह तात्पर्य नहीं है कि वह अन्याय के विरुद्ध न लड़े । अपने धर्म, देश, कर्तव्य और अन्याय, असत्य के विपरीत योगी को तो अर्जुन के समान सबसे पहले युद्ध के लिए सन्नद्ध हो जाना चाहिए ।

यह जीवन भी कुरुक्षेत्र जैसा युद्ध का एक मैदान ही है । हमारी आत्मा कृष्ण स्वरुपा है, हम अर्जुन रूप हैं और हमारा कर्तव्य पालन हमारा धर्म युद्ध है । अत: परिणाम को ईश्वर पर छोड़कर साहस और दृढ़तापूर्वक अपने कर्तव्य का पालन करो । कठिनाइयाँ अवश्य आयेंगी पर अन्त में विजय आप की होगी, इसमें कोई सन्देह नहीं ।

२०. कोष

यद्यपि इस युग में भौतिक विज्ञान ने बहुत उन्नति कर ली है, पर सभी शिक्षित और मनीषी लोग यह जानते हैं कि यह ज्ञान अभी किसी को नहीं हुआ कि मृत्यु के पश्चात् मनुष्य का क्या होता है । दूसरे शब्दों में कह सकते हैं कि यह विज्ञान अभी पूर्ण नहीं है और निर्णायक प्रश्नों का उत्तर देने में अक्षम है । दूसरी ओर योग विद्या में इनके उत्तर हैं । गहरे ध्यान से योगीजनों ने विज्ञान की प्रगति के बहुत पूर्व की यह ज्ञान प्राप्त कर लिया था । उन्हें मानव शरीर की रचना और अंग प्रत्यंगों का ज्ञान तो था ही,उनकी दृष्टि तो भौतिक जगत के पार उस सूक्ष्म जीवन दर्शन परा-अपरा विज्ञान को भेद चुकी थी जो वेदान्त और अद्वैत दर्शन में निहित हैं और आधुनिक वैज्ञानिकों के लिए शोध का विषय है । वेदान्त दर्शन वेदों से भी आगे अति सूक्ष्म चेतना का अध्ययन है जिसमें ईश्वर के विभिन्न स्वरूपों का विश्लेषण, निरूपण किया गया है ।

आसन, प्राणायाम और ध्यान तो योग के सामान्य वाह्य अंग है; मूल रूप में तो योग जीवन की उत्पत्ति, क्रिया और उसके अन्तिम लक्ष्य तक अध्ययन करता रहा है । आधुनिक वैज्ञानिकों ने इन तथ्यों की प्रायोगिक खोज कर उन्हें बहुत बड़ी सीमा तक सत्य पाया है । मनुष्य केवल भौतिक अस्तित्व नहीं है; व्यक्ति का 'मैं' क्या है, यह आज तक कोई समझ नहीं पाया, अत: वह अन्तिम सत्ता जो अनंत, अनंग, अरूप, अदृष्ट और अज्ञात है वही जड़ जीवन की संचालक नियति है । वेदान्त दर्शन इसी परम आत्मतत्व की खोज में प्रयासरत है ।

योग के अनुसार आत्मा के पाँच आवरण हैं जिन्हें कोष कहा जाता है । उनसे आत्मा आच्छादित है और आत्मा की पहचान के लिए कोषों को शुद्ध करना होगा । प्रथम अन्नमय कोष है । उसकी शुद्धि के लिए सात्विक भोजन करना आवश्यक है । अन्न ही मुख्य मानव भोज्य है, मांस, दूध, अंडे या शाक तक भी नहीं । दूसरा प्राणमय कोष होता है । प्राण तो जीवन का सार ही है । सभी ज्ञानेन्द्रियों, कर्मेन्द्रियों, विचार, भावनाओं का उदगम प्राण से है । प्राण के बिना

जीवन अस्तित्वहीन है। भोजन प्राण तत्व को बनाए रखने में सहयोगी है। प्राण तत्व विज्ञान की परिभाषा में नहीं आता; वह तो चेतना का एक स्वत:स्फूर्त स्पन्दन है जो शरीर के सभी सचेतन अंगों में समान रूप से व्याप्त है और केवल अनुभव गम्य है, शब्द गम्य नहीं। पवित्र पुनीत वातावरण प्राण की शुद्धि में सहायक है। तीसरा कोष 'मनोमय' कहलाता है। यह मन मस्तिष्क से सम्बद्ध है। यह चेतना के विभिन्न स्तरों मे समायोजन करता है। इस कोष के शोधन के लिए सत्संग आवश्यक है। चौथा कोष 'विज्ञानमय' है। यह कार्य-कारण का वैज्ञानिक विश्लेषण करता है इसीलिए शुभ-अशुभ कार्य करते समय हमारे मन में संकल्प-विकल्प उठते रहते हैं। इसकी शुद्धि के लिए अध्यात्म तथा सत् साहित्य का अनुशीलन करना चाहिए। अन्तिम 'आनन्दमय' कोष है। इसके माध्यम से ही हमें सुख, सन्तोष और आनन्द की अनुभूति होती है। इसकी शुद्धि त्याग द्वारा ही संभव है। अत: त्याग के महत्व को अंगीकार करो। किन्तु त्याग में भी सावधानी की आवश्यकता है। जबरदस्ती का त्याग जिससे अभाव और कष्ट अनुभव करो, उचित नही। त्याग निर्लिप्त और निरभिमान होना चाहिए, वही वास्तविक त्याग है।

इन आवरणों से मुक्ति कैसे मिल सकती है, क्योंकि ये तो जीवन के आवश्यक अंग हैं। अभ्यास और ज्ञान से यह उसी प्रकार संभव है जिस प्रकार अंडे में विकसित होकर उचित समय पर जीव अंड़े से अलग हो जाता है। इन सभी कोषों के विशुद्ध न होने पर इनसे कई प्रकार के विकार उत्पन्न होते रहते हैं। अन्नमय कोष से रोग तथा भौतिक दु:ख, प्राणमय कोष से मानसिक तनाव, क्रोध, हर्ष आदि, मनोमय कोष से निराशा, भय, साहस आदि भावनाएँ, विज्ञानमय कोष से अहंकार, बुद्धि, रुचि-अरुचि और आनन्दमय कोष से प्रमाद और आत्मतोष जैसे विकार उत्पन्न होते हैं। इन कोषों के विकारों से मुक्त होकर ही योगी आत्म तत्व की पहचान कर सकता है। इन आवरणों के भीतर आत्मा को पहचानना उतना ही कठिन है जितना एक कन्द के बाह्य आवरण पर्तों के भीतर उसका वास्तविक स्वरूप अविच्छिन्न और अभेद्य लगता है; फिर भी योगी लोग अपनी साधना और निरन्तर अभ्यास व सूक्ष्मदृष्टि से आत्मतत्व की पहचान करते हैं। उसके बिना वास्तविक ज्ञान असंभव है।

२१. सूक्ष्म और स्थूल शरीर

स्थूल के अतिरिक्त मुनष्य के अन्य सूक्ष्म शरीर भी होते हैं। उन्हें मानसिक, वायव्य और कारण शरीर कहा जाता है। भौतिक शरीर के पाँच तत्वों का उल्लेख हो चुका है यथा—वायु, अग्नि, जल, पृथ्वी और आकाश। अन्य तत्वों का भी इसमें समावेश है, पर मूल रूप से इन्हीं पाँच तत्वों से शरीर रचना मानी गई है। अस्थि, मज्जा आदि ठोस अवयवों की उत्पत्ति पृथ्वी तत्व से है; रक्त, रस और द्रव भाग की रचना जल से, पाचन शक्ति और ऊष्मा अग्नि से, श्वास प्रश्वास और रक्तशुद्धि क्रिया वायु से और रिक्त स्थान तथा स्पन्दन आकाश तत्वों से उत्पन्न है। भौतिक शरीर हमारे जीवन और अस्तित्व का आधार है। समस्त प्रकार की क्रियायें और विकास भौतिक शरीर के द्वारा ही संचालित होते हैं। अत: हमारे शारीरिक स्वास्थ्य को शक्ति सम्पन्न और रोगमुक्त रखना जरूरी है। वायव्य शरीर सूक्ष्म स्तर पर होता है, जिसका केवल अनुभव किया जा सकता है। स्वप्न के समय जो क्रियायें होती-दिखाई पड़ती हैं वे वायव्य शरीर से सम्बन्धित हैं। उक्त समय भौतिक शरीर के पलंग और कमरे तक सीमित होने पर भी अनेक स्थलों और क्रिया कलापों का दर्शन, अनुभव वायव्य शरीर द्वारा ही होता है। अपूर्त-अतृप्त इच्छाओं की पूर्ति के रूप में ही स्वप्न दर्शन होता है। इसमें भावनाएँ तो सभी विद्यमान होती हैं; पर ये सब अवचेतन मन में होने के कारण जब हम जागते हैं तो असत्य और अवास्तविक लगने लगती हैं, पर स्वप्न के समय वे इतनी वास्तविक लगती हैं कि वास्तविक-अवास्तविक का भेद समाप्त हो जाता है।

भौतिक शरीर की मृत्यु के पश्चात भी वायव्य शरीर का अस्तित्व रहता है। यह उसी प्रकार है जैसे कि फूल मुरझा कर गिरने के उपरान्त भी उसकी गन्ध बनी रहती है।

तीसरा मानसिक शरीर है जो कल्पना प्रधान है। किसी कार्य के सम्पन्न होने से पूर्व ही जो कल्पनाएँ हमारे मन में उठती हैं वे इसी शरीर की क्रियायें हैं।

मानसिक कल्पनाओं के वशीभूत नहीं होना चाहिए। वे वास्तविकता से भटका देती हैं इसलिए हानिकर सिद्ध हो सकती हैं। पूर्वाग्रह, भय, आशंकाएँ, निराशा, हतोत्साह अथवा अतिआशा मानसिक शरीर के ही क्रियाकलाप हैं जिनसें हमें सावधान रहना चाहिए और अपने कर्तव्य पथ पर निश्शंक होकर चलना चाहिए। गुरु का उपदेश सदा मंगलकारी होता है इसीलिंए कथन है—

मोक्ष मूलं गुरोः वाक्यम्

अन्त में कारण शरीर का विवेचन है। यह सभी कर्मों का कारण रूप है। हमारे सभी पूर्व कर्मों के संचय से हमारा 'प्रारब्ध' बनता है। जीवन में दार्शनिकों ने मृत्यु, भाग्य, सफलता, असफलता आदि के मूल में खोजकर अन्त में उन्हें व्यक्ति के पूर्व संचित कर्मों अथवा प्रारब्ध का फल बताया है। रामायण में लिखा है —

प्रारब्ध तो पहले रचा, पीछे रचा शरीर

प्रारब्ध वास्तव में भाग्य या नियति का पर्याय है। जो कुछ हम अब करते हैं उसका परिणाम हमें बाद में भुगतान होगा। अच्छे कर्मों से ही अच्छा प्रारब्ध बनता है, अतः हमें सदा सत्कार्यों में लगे रहना चाहिए। कारण शरीर के मूल में भविष्य का सुख-दुःख निहित है। भौतिक शरीर के सुख-दुःख से सामान्य लोग सुखी-दुःखी होते रहते हैं। किसी अंगभंग हो जाने से लोग बहुत दुःखी हो जाते हैं; पर यह उचित नहीं है। भौतिक शरीर तो अनित्य है, परिवर्तनशील है। अभी भोजन किया, थोड़ी देर में भूख लग जाती है। अतः कारण शरीर का महत्व अधिक जो कर्मों पर आधारित है।

वायव्य शरीर भावनाओं और वासनाओं से युक्त है। वासनाओं को कोई अन्त नहीं और वे मनुष्य को जन्म जन्मान्तर तक भटकाती हैं। अतः त्याग और तपस्या से वासनाओं का शमन ही कल्याणकारी होता है। कर्मों का फल तो दीर्घ कालावधि तक भोगना ही पड़ता है।

यह तो एक सनातन प्रश्न है कि मृत्यु के पश्चात् मनुष्य कहाँ जाता है, उसका क्या होता है। योग के अनुसार मृत्यु के पश्चात् भी आत्मा का अस्तित्व रहता है। आत्म तत्व निरन्तर विकासशील है और विगत कार्यों और अनुभवों के आधार पर यह अग्रसर होता रहता है।

मनोविज्ञान में भी आजकल बड़ी प्रगति हुई है । अनेक मानसिक ग्रन्थियों तथा अप्राकृतिक व्यवहारों के मूल में अवचेतन या अचेतन मानस की भावनाओं और आग्रहों को प्रकाश में लाकर उनकी चिकित्सा कर दी जाती है । इसी प्रकार सन्त और योगी मन्त्र और आध्यात्मिक शक्तियों से अलौकिक कार्य कलाप करने में समर्थ होते हैं । परम गुरु महाप्रभुजी, जो हमारे समकालीन ही हुए हैं, के विषय में अनेक किंवदंतियाँ उनके सत्संग मे रहे लोगों द्वारा कही गई हैं । ये एक ही समय पर भिन्न तथा दूरस्थ स्थानों पर दर्शन देने में समर्थ थे । भविष्य की घटनाओं का पूर्वाभास उन्हें हो जाता था जिसकी चर्चा वे अपने भक्तों में करते रहते थे ।

वास्तव में सूक्ष्म शरीर और मन की ये अलौकिक शक्तियाँ योगीजनों को सहज सुलभ हैं । पर वे इनका किसी के अहित में या स्वार्थ के हित प्रयोग नहीं करते । वे आत्मकल्याण अथवा परोपकार में ही उनका प्रयोग करते हैं । सन्तों, भक्तों और योगियों का यह कल्याणकारी रूप उन्हें साधारण लोगों से अलग करता है ।

ॐ नमो शिवायः

२२. बालकों का विकास और उनकी विकृतियाँ

मानसिक विकारों के अनेक कारण हैं। प्रथम तो यह कर्मों का दण्डभोग है। दूसरे बाह्य आवरण जैसे दूषितवायु, जल, प्राणवायु का अभाव, रसायनिक द्रव्यों, अखाद्य और अशुद्ध वस्तुओं के प्रयोग तथा जैविक प्रतिरोधक दवाओं से भी ये उत्पन्न होते हैं। इन्हीं के प्रभाव से अस्वस्थ और निर्बल बालकों का जन्म होता है।

इसमें सबसे अधिक प्रभाव माता-पिता की शारीरिक मानसिक अवस्थाओं का रहता है विशेषकर गर्भावस्था के समय माता का। इसी कारण गर्मधारण के पश्चात माता को सदैव प्रसन्नचित्त, आशामय, स्वस्थ रहने का प्रयास करना चाहिए और खुली वायु का सेवन करना चाहिए। उसके संगी साथियों, पुस्तकों और खानपान तथा रहन सहन का चयन उपयुक्त होना चाहिए क्योंकि इन सबका उसके गर्भस्थ भ्रूण पर बड़ा प्रभाव पड़ता है किन्तु कई लोग इस पर ध्यान नहीं देते और फलत: रुग्ण, कमजोर और अवांछित संतान का जन्म होता है, जो स्वयं भी कष्ट में रहती है, और माता पिता को भी कष्टदायक होती हैं।

इस सन्दर्भ में महारानी मदालसा की कहानी एक आदर्श है जिसने विवाहोपरान्त यह संकल्प ले लिया था कि वह ऐसी सन्तान को जन्म देगी जो मोक्ष की अधिकारी होगी। गर्भधारण के पश्चात् वह बालक के रूप में स्वंय सच्चिदानन्द और 'अहं ब्रह्मास्मि' का चिन्तन करती थी और वास्तव में उसके गर्भ से ऐसे ही महापुरुष उत्पन्न हुए।

पिता को चाहिए कि वह अपनी गर्भिणी पत्नी को सदैव प्रसन्न रखे और कभी उसे उद्विग्न, दु:खी होने का अवसर न दे। इससे विपरीत स्थिति में सन्तान पर दुष्प्रभाव पड़ता है। पत्नी को भी इस अवस्था में कुत्सित साहित्य पठन, टी० वी० पर मारधाड़ के प्रदर्शन, क्रोध, आवेश, निराशा से बचना चाहिए।

युरोपीय देशों में आजकल बच्चों के चारों ओर पशु पक्षी की आकृति के खिलौनों की भरमार रहती है। प्राणि मात्र से प्रेम की भावना तो अच्छी है पर

उन्हीं प्राणियों में से कुछ को रसोई में पकते देखकर बालक के मन में अवसाद भर जाता है। इसी प्रकार पशुवृत्तियों से ऊपर मानवीय संवदेनाओं और सद्‌वृत्तियों के विकास के लिए यह आवश्यक है कि बालकों के सम्मुख प्रारंभ से ही महापुरुषों के कार्य कलापों का दिग्‌दर्शन रोचक ढंग से किया जाये। मदालसा की कथा से अनुसार सुख-दु:ख तो अस्थिर है, आते जाते रहते हैं अत: बालकों पर भी यही छाप छोडनी चाहिए कि सुख या दु:ख का वर्तमान स्थिर नहीं है, बीत जायेगा अत: न उन्हें सुख अंहकारी बनाएगा, न दु:ख विचलित करेगा। दूसरी ओर माता पिता में अस्थायी प्रेमाकर्षण, अनबन, पराधीनता जैसी बातों का अनजाने में ही उनके बच्चों पर प्रभाव पड़ता है और अपने भावी जीवन में वैसी ही समस्याओं के शिकार होते हैं।

स्वास्थ्य का बालकों के जीवन पर सबसे अधिक प्रभाव होता है। स्वच्छ वातावरण, संतुलित आहार विहार, प्राकृतिक और स्वाभाविक जीवन पद्धति, अतिवादी प्रवृतियों से बचाव स्वास्थ्य के लिए बडे महत्वपूर्ण हैं। एक कहावत है कि मेरे पास सस्ती वस्तुओं के खरीदने के लिए धन नहीं है। तात्पर्य है कि हम सदा कृत्रिम और महंगी चीजें खरीदने के अभ्यस्त हो गए हैं, जबकि सादगी युक्त जीवन चर्या ही स्वास्थ्य की कुंजी है। तली हुई, मसालेदार, अति महीन पिसी, अत्यन्त मीठी-खट्‌टी वस्तुएँ स्वास्थ्य के लिए हानिप्रद हैं। उनसे रक्तचाप, अपच आदि अनेक रोग उत्पन्न होते हैं। माता पिता के साथ बालकों के स्वास्थ्य पर भी उनका दुष्प्रभाव होता है। अत: स्वाभाविक जीवन जीओ - सादा खाओ, पहनो।

सन्तान धारण करने से पूर्व किसी भी कृत्रिम दवा का सेवन न करो। एक ऐसी महिला की रोचक कहानी है जो थोड़ी सी शारीरिक मानसिक बेचैनी के लिए डाक्टर से दवा लेती रहती थी। आखिर इससे तंग आकर एक दिन अपने डाक्टर से उसने कहा—क्या इन सब रोगों का आपके पास स्थायी इलाज नहीं है? डाक्टर ने कहा—अवश्य है। आप बाथरूम में कपड़े उतार कर ठंडे जल में रोज पाँच मिनट बैठो, फिर नंगे बदन ही अपने बगीचे में कुछ भ्रमण करो। अत्यन्त शीतऋतु थी, तो महिला ने कहा—इससे तो मुझे तत्काल निमोनिया हो जायेगा। डाक्टर ने कहा—निमोनिया का भी इलाज है, बाद में होता रहेगा। कहानी का संदेश यही

है कि जैसी जीवनचर्या के हम अभ्यस्त हो जाते हैं वही हमारे स्वास्थ्य के अनुकुल हो जाती है और स्वाभाविक व सादी जीवनचर्या का स्थान इनमें सर्वोपरि है ।

अत: प्राकृतिक दिनचर्या के साथ आसन-प्राणायाम का अभ्यास करते रहो; दवाओं का सेवन न करो, और बह्मचर्य का पालन करो। ऐसे माता पिता की सन्तान अवश्य स्वस्थ और प्रतिभाशाली होगी ।

भारत में जीवन प्रारंभ होने पर सोलह प्रकार के संस्कार होते हैं । प्रथम यह है कि पिता के हाथों मधु, दुग्ध, घृत तथा कुछ अन्य मधुर संस्लिष्ट पदार्थों से युक्त एक पेय बनाया जाता है और नवजात शिशु की जिह्वा पर उससे एक मंत्र लिखा जाता है और यह कामना की जाती है कि वह बालक अपने जीवन में सदा मधुर वाणी से युक्त हो । दूसरा संस्कार अन्नप्राशन का है जिससे बालक सात्विक आहारी बने । इसी प्रकार विद्याभ्यास और कर्म आदि के संस्कार होते हैं जिन सभी का साकेतिक और प्रतीकात्मक महत्व बालक के भावी जीवन से सम्बद्ध है । बालक के सम्मुख माता पिता का परस्पर व्यवहार संयत और शिष्ट होना चाहिए । उसके सामने कभी क्रोध, तर्क तथा उद्वेग का प्रदर्शन न करो। आस्ट्रिया के एक गाँव में बालकों के साथ दूरदर्शन देखते समय दो छोटी बालिकाओं का इसी प्रकार का एक अनुभव सुनकर मुझे हँसी आई जब उन्होंने चित्र में एक झगड़े का दृश्य देखकर कहा कि स्वामी जी, हमारे मम्मी डैडी भी ऐसा ही करते हैं । ऐसी बातें भविष्य में बालकों के मन को प्रभावित करती हैं ।

दीन हीन और विकल मन मस्तिष्क के व्यक्तियों के साथ प्रेम और सहानुभूति का व्यवहार करो । ऐसे बालकों के साथ प्रेम और सहयोग करने से उनके व्यवहार में बड़ा परिवर्तन होता है । वे आक्रामक नहीं होते, रोना, हठ करना छोड़ देते हैं और आश्चर्यजनक रूप से संयत अनुशासित होते देखे गए हैं ।

कभी निर्बलता, अशक्ति, असमर्थता और निराशा का प्रर्दशन न करो । जीवन तो बहुमूल्य है, इससे कभी निराश नहीं होना चाहिए । मृत्यु किसी के वश में नहीं है; समय से पूर्व कोई आपके प्राणहरण नहीं कर सकता । इसलिए कभी मृत्यु से भयभीत न हो क्योंकि भय से मानसिक तनाव और रोगों का जन्म होता है । कहा गया है—

मृत्यु दूर है, भय काहे का?

मृत्यु आ गई, भय काहे का?

निर्भय और प्रसन्नता का जीवन ही जीवन है । अपने देश, काल और समाज के अनुकूल आचरण करो। प्रकृति से सामंजस्य रखो। शारीरिक और मानसिक रोगों के कारणों में आज का अप्राकृतिक भोजन, बढ़ता प्रदूषण,बालकों का गलत ढंग से लालन-पालन, मानसिक तनाव और दूसरों के प्रति ईर्ष्या, द्वेष और अशान्ति हैं ।

चित्त की प्रसन्नता के लिए प्रकृति से तादात्म्य का बड़ा महत्व है । प्रभात काल मे उदित होते हुए लालिमायुक्त सूर्य, सन्ध्या समय झिलमिलाते तारे, रात्रि काल में प्रशान्त वनश्री में कोयल की कुहक, बाग बगीचों मे खिलते रंग बिरंगे सुगन्धित पुष्प और पक्षियों का कलरव, ऊँचे पर्वतों और गहरे नील सागर तट पर ईश्वर की विशालता के दर्शन मन को मोहित कर मानसिक विपन्नता को दूर करने में बड़े सहायक हैं । अत: ऐसे स्थानों, अवसरों का लाभ उठाओ और दैनिक चिन्ताओं से मुक्त होकर अलौकिक और नैसर्गिक आनन्द में मग्न हो जाओ ।

हरि ओम् तत्सत्

२३. मुद्रा, बन्ध और त्राटक

(राजैक, अगस्त, १९८४)

मुद्राएँ शरीर की विशिष्ट स्थितियों और गतियों को कहते हैं । शरीर के साथ मन भी अभिन्न होता है। मुद्राओं और आसनों में भिन्नता है । मुद्राएँ समस्त मानस और चेतना को प्रभावित करती हैं। वे पिरामिडों (त्रिकोणात्मक भवनों) के समान ब्रह्माण्डीय शक्ति को आकर्षित करती हैं । मुद्राएँ व्यक्ति की मानसिक स्थिति की संकेत हैं । साधना रत योगी को देखकर हठात् मुँह से निकल जाता है—कितनी शान्त मुद्रा है! मुद्राएँ स्थिति की परिचायक हैं ।

मुद्राओं की भाषा भी होती है । उनसे भिन्न-भिन्न अर्थ निकलते हैं । भारतीय, हिन्देशियायी अथवा बाली द्वीप नृत्यों को देखने से यह सिद्ध होगा कि वे पूर्णतया विभिन्न मुद्राओं पर आधारित हैं । हाथ, मुठ्ठी या अंगुली के संकेत मात्र से बहुत कुछ सम्प्रेषित हो जाता है। चेहरे, पुट्ठों के प्रत्येक हाव भाव में कोई संन्देश निहित होता है ।

प्रमुख योग मुद्राओं में चिन्मुद्रा, ध्यान मुद्रा, योग मुद्रा, खेचरी, वज्रोली, सामभावी, आकाशी, ककि, विपरीत करनी, अम्रोली और सजोलि मुद्राओं के नाम उल्लेखनीय हैं । प्रत्येक मुद्रा का शरीर और मन पर गहरा प्रभाव होता है ।

चिन्मुद्रा योगीजनों के ध्यान के समय की एक सामान्य मुद्रा है । यह बहुत अर्थ गंभीर है। तीनों अंगुलिया कनिष्ठिका, ज्येष्ठा और मध्यमा क्रमशः तामसिक, राजसिक और सात्विक गुणों की प्रतीक हैं । अंगुठा और उसके साथ अनामिका अंगुली ब्रह्माण्ड और व्यक्ति विशेष के परिचायक है और योगी उनके संयोग का प्रतिनिधित्व करता है । विज्ञान द्वारा भी यह सिद्ध हुआ है कि यह मुद्रा शरीर के कुछ ऐसे केन्द्रों को जागृत करती है जिनसे मानसिक शान्ति प्राप्त होती है । अंगुलियों के पोर और हथेलियाँ शरीर के अत्यन्त संवेदनशील भाग हैं । उऩमें से प्राण भीतर बाहर प्रवाहित होता है । हथेलियों को ऊपर कर जब आप घुटनों पर रखते हैं तो हलकापन अनुभव होता है उनके उलटा होने पर तनाव का ।

भगवान बुद्ध की मूर्तियों, चित्रों में आपको शान्त मुद्रा के दर्शन होते हैं । एक हाथ नीचे की ओर तथा दूसरा आशीर्वाद की मुद्रा में उठा रहता है । ये ऋण और धनात्मक ध्रुवों के प्रतीक रूप में पृथ्वी और ब्रह्माण्ड के संयोग का संकेत करते हैं । यह सचेतन शरीर को अपने चैतन्य का पृथ्वी से स्वर्ग की ओर ऊर्ध्वगमन का संदेश देते हैं ।

योग, विपरीत करनी, सामभावी जैसी मुद्राओं का मन पर बड़ा शान्तिकारक प्रभाव पड़ता है । सामभावी मुद्रा में आप की दृष्टि नासिका के अग्र भाग पर स्थिर होती है और आँखें अर्धोन्मिलित होती हैं । यह भगवान शिव की ध्यान मुद्रा है । ध्यान के समय गर्दन सीधी, दृष्टि, नासिका और ठुड्डी समरेखा में होने चाहिएँ । ध्यान के समय हिलने डुलने और टेढा बैठने से ध्यान भंग होता है ।

आकाशी मुद्रा में दृष्टि ऊपर और ध्यान भ्रूमध्य में रहता है । मूलबन्ध में जैसे शरीर के अधोभाग को नियंत्रित किया जाता है उसी प्रकार वज्रोली मुद्रा में पाचन संस्थान पर श्वासयुक्त तनाव व विश्राम दिया जाता है । यह एक शक्तिशाली मुद्रा है जो बह्मचर्य पालन में सहायक है । यह मुद्रा ध्यान के समय आपकी समस्त भावनाओं और शक्तियों को ऊर्ध्वगामी बनाती है ।

मुद्राओं के अभ्यास के समय बड़ी सावधानी की जरूरत है क्योंकि सभी मुद्राएँ यौगिक नहीं होती। तांत्रिक लोग इनका प्रयोग कामवासनाओं की पूर्ति के लिए विभिन्न आसनों में करते हैं । यह योग के मूल सिद्वान्तों के ही प्रतिकूल है । योग एक प्राकृतिक मार्ग है और आसनों की रचना प्राणियों की शरीर शोधन क्रियाओं को देखकर ही की गई है । जैसे मार्जरी आसन बिल्ली को देखकर जब वह अपने आलस्य और तनाव को दूर करने हेतु अपने शरीर को आगे पीछे भुकाती है । दूसरा उदाहरण भुजंगासन का है । रीढ की बनावट साँप के समान है और उसी के शोधन संतुलन के लिए भुजंगासन है । इसी कारण शीर्षासन, सर्वांगासन, पश्चिमोतानासन जैसे आसनों के अतिरिक्त अन्य कई आसनों के नाम जानवरों के नाम पर हैं। यद्यपि आसनों की कुल संख्या भी जीव प्रजातियों के समान चौरासी लाख मानी गई है । पर हमें उन सभी का ज्ञान नहीं है । समय के साथ इनमें फेर बदल होता गया और अब केवल ८४ मुख्य आसनों को ही मान्यता प्राप्त है । इसी प्रकार के आसनों में मत्स्यासन, शशांकासन, गरुड़ासन और उष्ट्रासन आदि हैं । इसी प्रकार मुद्रायें योगी की मानसिक वृत्तियों की सूचक हैं ।

योगी का उठना, बैठना, ध्यान आदि मुद्राओं के रूप में ही होता है जिस प्रकार नर्तक और नृत्यांगनाओं का शरीर अनजाने में ही नृत्य भंगिमाओं में उनके सामान्य कार्य कलाप में भी परिलक्षित होता रहता है ।

प्रश्न - विपरीतकरणी मुद्रा से क्या लाभ है?

विपरीत का अर्थ उल्टा होता है । सर्वांगासन से कुछ अधिक झुकने पर बिन्दु चक्र से अमृत निसृत होता है । सर्वांगासन करते समय जालन्धर बन्ध होता है जो विशुद्ध चक्र को रोक लेता है । थायरायड ग्रन्थि स्राव पर विपरीत असर न पड़े इसके लिए सर्वांगासन अधिक देर तक नहीं करना चाहिए । विपरित करणी मुद्रा से रीढ़ और प्राण के प्रवाह को सहज बनाए रखने में सहायता मिलती है और शरीर की स्थिति विपरीत बनी रहती है । विपरीतकर्णी मुद्रा के साथ ध्यान केन्द्र, श्वास नियंत्रण के साथ अन्य एक क्रिया भी आवश्यक है जो बाद में सिखाई जायेगी । विपरीतकर्णी मुद्रा में २० मिनट का अभ्यास करना चाहिए। इस क्रिया में हाथों, कोहनियों का कोण सही होना चाहिए और यह क्रिया खाली पेट ही करना हितकर है ।

प्रश्न—बन्ध का क्या अर्थ है?

बन्ध का अर्थ किसी वस्तु को रोकना, बाँधना या नियंत्रित करना है । रोकने से शक्ति में संघर्ष उत्पन्न होता है। बन्धों के द्वारा हम विशिष्ट चक्रों पर दबाव डालते हैं और शरीर में सुषुप्त योग्यताओं और शक्तियों को जागृत करते हैं । मूलबन्ध, उड्डीयान बन्ध और जालन्धर बन्ध, मूलाधार भाग, पाचन तन्त्र और वक्ष को शक्ति देते हैं। महाबन्ध में इन तीनों बन्धों का सम्मिलित रूप है ।

बन्ध दिन में एक बार करना ही लाभप्रद है । शक्ति केन्द्रों से शक्ति के स्फुरण और उसके उपयोग के लिए बन्धों का बड़ा महत्व है। किसी वस्तु के प्रति अत्यन्त मोह या लगाव भी बन्ध का ही एक प्रकार है । वह एक मानसिक अथवा भावनात्मक बन्ध है । उससे छूटना बड़ा कठिन होता है । प्रत्येक क्रिया की प्रतिक्रिया होती है । यह एक प्राकृतिक नियम है । शरीर के इन बन्धों को करने में बड़ी सावधानी की जरूरत है क्योंकि शक्ति केन्द्रों पर दबाव और रोक से विस्फोट का खतरा होता है और वह हानिप्रद भी हो सकता है । अत: इन अभ्यासों को योग्य गुरु के निर्देशन में धैर्य के साथ करना ही उचित है ।

प्रश्न - त्राटक अभ्यास से क्या तात्पर्य है?

त्राटक हठयोग के छह उपांगों में से एक है। अन्य पाँच हैं—नेति, धौति, वस्ति, नौलि और कपाल भाती। ये शरीर शुद्धि की क्रियायें हैं। इनसे शरीर में हलकापन, प्रसन्नता और नई शक्ति का स्फुरण होता है। इनकी साधना से योगी अपनी जीवनी शक्ति को वश में कर अपनी आयु को इच्छानुसार घटा बढ़ा सकता है। किन्तु ये साधनाएँ योग के उच्च स्तर पर जाकर की जाती हैं, प्रारंभ में नहीं।

त्राटक का अर्थ ध्यान केन्द्रित करना है। किसी बिन्दु पर दृष्टि स्थिर करने और निश्चित समय तक उसे बनाए रखने का नाम त्राटक है। इससे दृष्टि शुद्ध होती है तथा ध्यान केन्द्रित होता है। आँखों की कमजोरी पर चश्मा स्नायुओं पर दबाव डालकर यही क्रिया करता है। आँखों के साथ त्राटक का शरीर के अन्य अंगो पर भी अच्छा प्रभाव होता है। मैने भी एक बार चश्मे का प्रयोग शुरु किया था। किसी ने कह दिया—योगियों को चश्मे की जरूरत पड़ती है? इस पर मैने त्राटक, शीर्षासन, कपालभाती, नेति आदि क्रियाओं का साधन किया और दो तीन महीनों की अवधि में ही मुझे चश्मे के प्रयोग से छुटकारा मिल गया।

त्राटक का गलत अभ्यास शरीर तथा आँखों के लिए हानिप्रद भी हो सकता है। त्राटक के सुविधाजनक अभ्यास के लिए दीपक की लौ, गुरु चित्र, ॐ अक्षर अच्छे उपकरण हैं। सूर्य पर त्राटक साधते समय इसका ध्यान रखा जाये कि सूर्य ज्योति प्रखर न हो और उससे आंखों में चकाचौंध उत्पन्न न हो।

यह अभ्यास इस प्रकार करना है। दीपक, मोमबत्ती की लौ, चित्राकृति, बिन्दु अथवा सूर्य की ओर अपलक देखो। आधे मिनट के बाद आँखे बन्द करो और उस आकृति को मानसिक रूप से देखने का प्रयास करो। इसकी अवधि डेढ मिनट है। कुछ समय उपरान्त वह आकृति बन्द आँखो से आप को स्पष्ट दिखाई देने लगेगी। फिर एक मिनट देखकर दो तीन मिनट आँखे बन्द करो। इस प्रकार के तीन चक्र होने चाहिएँ। त्राटक के समय आँखें झपकनी नहीं चाहिएँ। त्राटक वस्तु दो तीन हाथ की दूरी पर ऐसे स्थान पर होनी चाहिए जहाँ आपकी दृष्टि सुविधा से पड़ सके।

त्राटक योगियों को अनेक प्रकार की सिद्धियाँ, शक्तियाँ, सफलताएँ प्राप्त हुई हैं। सम्मोहन का प्रयोग करने वाले चिकित्सक भी दृष्टि और शब्दों का ही आश्रय

लेते हैं । आँखें भावनाओं के द्वार हैं । आपकी प्रसन्नता, उदासी, प्रेम, क्रोध दृष्टि से प्रकट होते हैं । एकाग्र दृष्टि से हिंस्र पशु भी प्रभावित होकर अपनी वृत्ति त्याग देते हैं ।

दर्पण में देखकर त्राटक नहीं करना चाहिए । यह तान्त्रिक पद्धति है । इससे मानसिक विक्षेप का भय है। लाल बिन्दु का त्राटक भी वर्जित है । गुरु चित्र, ॐ अक्षर अथवा अन्य पवित्र वस्तु का उपयोग ही त्राटक के लिए श्रेष्ठ है । पूर्णचन्द्रमा के दो दिन पूर्व पश्चात् और किसी नक्षत्र प्रकाश पर भी त्राटक किया जा सकता है ।

प्रश्न - स्वस्तिक चिन्ह का क्या अर्थ है?

स्वस्तिक चिन्ह के कई अर्थ हैं । भारत में इसे प्रगति चक्र के रूप में मान्यता है। यह समय के सतत प्रवाह का प्रतीक है । यह आपको अपने समय प्रवाह के प्रति सजग करता है । जैन धर्म में स्वस्तिक, सूर्य और चन्द्रमा के प्रतीक चिन्हों का महत्व माना गया है । व्यापारी लोग शुभ लाभ के मध्य भी स्वस्तिक चिन्ह का अंकन करते हैं । इस प्रकार स्वस्तिक चिन्ह बुद्धि, प्रगति और सुरक्षा का प्रतीक माना जाता है ।

२४. अस्तित्व के स्तर

(राजैक, अगस्त,१९८४)

प्रश्न - गुरु की भौतिक उपस्थिति कितनी आवश्यक है?

गुरु की भौतिक उपस्थिति की निकटता और दूरी से कोई फर्क नहीं पड़ता। भौतिक उपस्थिति सदा सुलभ नहीं होती, पर मानसिक उपस्थिति सदा रह सकती है। इसमें मन्त्र, आत्मा की निर्मलता और आत्मिक प्रेम सहायक होते हैं। यह माता और शिशु के प्यार जैसा नैसार्गिक है। माता और बालक दूर हो सकते हैं पर उन्हें अपनत्व और प्यार का आभास बना रहता है।

इसी प्रकार गुरु शिष्य का सम्बन्ध है। कभी-कभी इसमें स्मरण, संग का विक्षेप हो सकता है; किन्तु समय पर उसकी निरन्तरता और प्रेरणा की प्रतीति भी होती रहती है। महाप्रभु जी के जीवन वृत्त की घटनाओं और लेखों से हम प्रेरित होते हैं और मेरे आशीर्वाद सदा आपके साथ हैं।

प्रश्न - अशरीरी आत्माएँ क्या मृत्यु के पश्चात् भी सांसारिक कर्म कर सकती हैं?

यह एक अत्यन्त जटिल प्रक्रिया है जिसे समझाना कठिन है। कुछेक आत्माएँ अशरीरी रूप में भी दूसरों के लिए प्रेरक-मार्गदर्शक का काम करती हैं। महाप्रभुजी की मृत्यु के २० वर्ष पश्चात् भी हमें उनके दर्शन और प्रेरणाएँ मिलती रहती हैं। हमारे ध्यान और स्वप्नों में वे प्रकट होते हैं। पथदर्शक आत्माओं और देवदूतों का अस्तित्व होता है पर अधिकांश लोग उनको प्रत्यक्ष देखे बिना, उन्हें मान्यता नहीं देते।

जीवन के पश्चात् अस्तित्व के तीन स्तर माने गए हैं—मुक्तात्मा, अमुक्त आत्मा और पुनर्जन्म आत्मा। मुक्तात्मा गुरु की कृपा से ही संभव है। गुरु कृपा सेवा से प्राप्त होती है। गुरु की सेवा-विधि का प्रश्न भी उपस्थित होता है। गुरु की सेवा किसी भृत्य की तरह नहीं हो सकती। वह तो एक प्रेम पात्र के समान—माता पिता, पुत्र, पति पत्नी अथवा मित्र के रूप में ही संभव है। राजरानी मीरा की प्रेमभक्ति भगवान् कृष्ण को पति रूप में मानकर ही की गई थी जिसने अमर कथा

का रूप ले लिया है । प्राणी मात्र के प्रति प्रेम और निस्वार्थ सेवा ईश्वर भक्ति के तुल्य हैं । महाप्रभु जी के ये वचन हैं । सेवा मुक्ति से भी ऊपर मानी गई है । मुक्त आत्माएँ सदा विद्यमान रहती हैं । अपनी शक्ति से भक्तों का मार्ग दर्शन करती हैं । गीता में भगवान् कृष्ण अर्जुन से कहते हैं—भक्त जिस रूप में मेरी पूजा करते हैं, मैं उसी रूप में उन्हें दर्शन देता हूँ ।

अमुक्त आत्माएँ वायव्य शरीर धारण कर अपने कर्मों के भोग के लिए एक विशेष अवधि तक दृश्य-अदृश्य रूप में भ्रमण करती हैं । अकाल मृत्यु, आत्मघाती और तान्त्रिक लोगों की परिणति ऐसी ही आत्माओं में होती है । गुरु गीता में स्वयं शिव पार्वती से कहते हैं कि ब्रह्म विद्या और पिशाच विद्या अलग-अलग हैं । सात्विक भाव से परमार्थ अथवा स्वकल्याण के हित की गई साधना सफल और ब्रह्म विद्या का रूप है । यह मोक्ष की ओर ले जाती है । इसके विपरीत किसी के मारण, मोहन, उच्चाटन अथवा स्वार्थ के वश तंत्र और जादू क्रिया करने वाली आसुरी विद्या में लिप्त व्यक्ति अन्त में अन्धकार युक्त लोगों मे अनेक कल्पों तक निवास करते हैं । अत: सात्विक भाव से प्राप्त की गई विद्या ही श्रेष्ठ है, तामसी अथवा राजसी नहीं ।

इस विषय में एक रोचक कथा है । एक तान्त्रिक ने मृतात्माओं को जीवित करने के लिए मंत्र साधना की और उसमें सफल हो गया । वह श्मशान में जाकर मृतात्माओं का आह्वान करता और वे उपस्थित होकर उसके आदेशों का पालन करते। साधक को इससे बड़ा सुख मिलता, पर यह अहंकार का सुख था । तान्त्रिक स्वामी का एक जिज्ञासु शिष्य बन गया । उसकी वृत्ति सात्विक थी । स्वामी जी एक बार अपना चमत्कार दिखाने उसे श्मशान में साथ ले गए । स्वामीजी ने मृतात्माओं का आह्वान किया पर एक भी आत्मा उस दिन प्रकट न हुई । स्वामी जी को बड़ा आश्चर्य हुआ और दूसरे दिन वे अकेले ही साधना स्थल पर गए । देर तक तंत्र साधन के बाद कुछेक प्रेतात्माएँ प्रकट हुई । जब स्वामी जी ने थोड़ी संख्या और पहले दिन न आने का कारण पूछा तो उपस्थित आत्माओं ने कहा–महाराज कल आप के साथ जो शिष्य आया था, उसकी उपस्थिति से ही सब आत्माओं की मुक्ति हो गई । हम जो कल कारणवश उपस्थित नहीं आ सके थे, आज उपस्थित हुए हैं। स्वामी गुरु की आँखें खुल गई और उसने जाकर शिष्य से कहा—तुम तो सिद्ध हो; मुझे भी शिष्य रूप में स्वीकार करो । शिष्य ने उत्तर

दिया—इस जन्म में नहीं। मैने आपको गुरु रूप में स्वीकार किया है, आप को शिष्य रूप में कैसे देख सकता हूँ? गुरु के अधिक आग्रह पर दूसरे जन्म में ही शिष्य ने उसे अपने शिष्य रूप में स्वीकार किया। इससे भक्त और साधक की सात्विक वृत्ति से प्राप्त स्वयमेव सिद्धि पर प्रकाश पड़ता है।

इस प्रकार वायव्य शरीर धारियों का अगले जन्मों में उद्धार होता है। शुद्ध सात्विक विचारों वाले गेरुआ वस्त्र धारी योगी, सन्यासी, गुरु की उपस्थिति मात्र से ही वायुमंडल शुद्ध हो जाता है। गेरुआ रंग की त्याग और तपस्या अग्नि में पाप विकार भस्म हो जाते हैं और किसी तंत्र अथवा अशुचि विद्या का उनकी उपस्थिति में अस्तित्व भी नहीं रह सकता। यह रंग ज्ञान सूर्य के उदय और जागृति का प्रतीक है।

तीसरी श्रेणी में वे लोग आते हैं जो सामान्य कर्मों के आधार पर पुनर्जन्म धारण करते रहते हैं। ऐसे लोगों के सौभाग्य से सदगुरु के प्राप्त होने पर उन्हें मार्गदर्शन मिलता है और अपनी साधना और भक्ति से वे मोक्ष प्राप्त करते हैं और जन्म मृत्यु के बन्धन से छूटते हैं।

भगवान कृष्ण का गीता में अर्जुन को इसी प्रकार का उपदेश है। अर्जुन की इस जिज्ञासा पर कि यदि एक जन्म में साधना पूर्ण और सफल नहीं हुई तो मुक्ति का क्या उपाय है। भगवान कृष्ण का उत्तर था—साधना निष्फल नहीं जाती। एक जन्म के उपरान्त साधक का दूसरे अच्छे और सात्विक वृत्ति वाले कुल में जन्म होगा। उस साधक को पुनः साधना की प्रेरणा और अवसर प्राप्त होगा और वह योग और भक्ति में सफल होगा। इस प्रकार जन्मान्तरों में जाकर व्यक्ति का मोक्ष होता है।

संसार में कुछ वस्तुएँ अत्यन्त दुर्लभ हैं। मानव जीवन, सात्विक वृत्ति परिवार, अध्यात्म ज्ञान के प्रति जिज्ञासा और सद्गुरु ऐसी ही वस्तुएँ या परिस्थितियाँ हैं। जिनको ये बातें सहज रूप मे प्राप्य हैं, वे वास्तव में भाग्यशाली हैं। व्यक्ति का जन्म भी कर्म के आधार पर ही होता है। शुभ कर्मों के संचय से प्राप्त प्रारब्ध वाले व्यक्तियों का जन्म योग और भक्ति के हरे भरे बाग और अशुभ कर्मी लोगों का जन्म सांसारिक झंझटों वाले कांटेदार जंगलों में होता है।

हरि ओम

२५. विश्वास की दृढ़ता

(पोहोर्जे, जनवरी, १९८५)

जीवन में सब दिन एक जैसे नहीं होते। कई बार हमारा मानस इतना उद्वेलित हो जाता है कि हमारा आत्म विश्वास किनारा कर जाता है और हम असहाय अनुभव करते हैं। एक ही प्रकार की भावनाएँ बनाए रखना कठिन हो जाता है ।

बालपन में अच्छी आदतें डालनी चाहिएँ, जिससे वे हमारी प्रकृति बन जावें । दुर्भाग्य से अच्छी भावनाओं के स्थान पर निषेधात्मक विचार अधिक प्रभावी होते हैं, किन्तु ऐसे अवसरों पर साहस और स्थिरता बनाए रखो; कहीं से कोई मार्ग निकल आयेगा। मरुस्थल में वर्षा होने पर हरियाली होती है । कठिनाई और विपत्ति के समय घबराना नहीं चाहिए; वह समय भी बीत जावेगा । जीवन के सभी कष्टों को सहन करने का साहस जुटाओ और शक्ति के लिए भगवान से प्रार्थना करते रहो। निराश होने से कभी कुछ हाथ नहीं लगता ।

प्रश्न उठता है कि विपत्ति के समय व्यक्ति क्या करे । ऐसे अवसर पर आप यथा स्थान निश्चल हो जाइए; न ऊपर चढ़िए न नीचे उतरिये । न बाएँ चलिए न दायें । एक प्रकार की शीत समाधि ले लीजिए । केवल ईश प्रार्थना ही अस्त्र है । उचित समय पर आप यह देखकर आश्चर्य करोगे कि रास्ता वहाँ से निकला, जहाँ से आप ने कल्पना भी नहीं की थी। सगुण भक्ति में इष्ट देवता का बड़ा स्थान है । इष्ट देवता में दृढ विश्वास अवश्य फलदायी होता है ।

हमें यह बोध होना चाहिए कि हम ईश्वर के अंश हैं । हममें अतुल शक्ति है । वह शक्ति अज्ञात और छुपी पड़ी है । सगुण भक्ति विश्वास से उसे जागृत करो और साधना मार्ग पर बढ़ते जाओ। समय पर आत्मज्ञान होगा और अनन्त शक्ति के भंडार खुल जाएंगे । सगुण उपासना करते-करते आप निर्गुण ब्रह्म की प्राप्ति कर लेंगे ।

सांसारिक कर्तव्य निर्वाह के साथ ही आध्यात्मिक मार्ग पर भी आरूढ रहो । दोहरे जीवन का अभ्यास करो यद्यपि यह है बहुत कठिन, पर दृढता सीखो । इस

संसार में विपत्ति और बुराई बड़ी मात्रा में हैं, यह सत्य है, पर जीभ जैसी कोमल चीज भी तो दाँतों के कठोर घेरे में अपनी चतुराई सावधानी से बनी रहती है। जो हवा अग्नि प्रज्वलित करती है, वह लौ को बुझा भी देती है। अतः धैर्य, साहस, सत्य, क्षमा, उदारता, सहिष्णुता जैसे गुणों का पाथेय लेकर अपने जीवन मार्ग पर चलते रहो।

आप सोचते हैं—मैं तो सबसे प्रेम करता हूँ, पर याद रखिए यह 'प्रेम' शब्द बड़ा कठिन है; इसका निर्वाह करना बड़ा दुष्कर है। एक छोटा सा शब्द, एक वाक्य इसे नष्ट कर सकता है। अतः छद्म विचारों से सावधान रहो। आँधी-तूफान जीवन में अवश्य आयेंगे किन्तु ध्यान रक्खो कि उनके प्रवाह में बह न जाओ। ऊपर चढ़ना कठिन होता है, गिरने में कोई देर नहीं लगती।

दुर्दिन और कठिनाई में शान्त चित्त और दृढ रहो। कुछ समय प्रतीक्षा करो। बादल और कुहरा अवश्य छँट जायेगा और पुनः सूर्य का प्रकाश होगा।

हरि ओम्

२६. भक्ति और त्याग

(पोहोर्जे, जून, १९८५)

हमारे जीवन मार्ग को हजारों भक्त और योगीजनों ने आलोकित किया है। ईश्वर के दरबार में प्रवेश का एक ही मार्ग है और वह है 'भक्ति' और 'प्रेम'। इस द्वार में प्रवेश के लिए हमें अपने समस्त अहंकार, शरीर, मन और आत्मा, बुद्धि और ज्ञान का परित्याग करना होगा जो बहुत कठिन है। कई बार हम सोचते हैं कि हम इस मार्ग पर आगे बढ रहे हैं, पर परीक्षण करने पर ज्ञात होता है कि हमारा त्याग वास्तविक और पूर्ण नहीं है।

अनन्त काल से महान आत्माओं का यही सन्देश है कि अंह का त्याग करो। ईर्ष्या, घृणा, द्वेष और निषेध ग्रन्थियों का शमन करो। पर इसमें सफलता नहीं मिलती। इसके अभाव में भक्ति भी दुर्लभ है। असली वैराग्य अत्यन्त कठिन है, बगुलाभक्ति सरल है। वैराग्य और भक्ति के विषय में अनेक सूत्र हैं—

१. ब्रह्म सत्यं जगन् मिथ्या

२. मनो मात्र जगत

३. परमानन्द भोगते योगी,
इन्द्र को रंक समझते हैं।

४. कुबेरा दिक हाज़िर खड़े जिनके
मगर वे कुछ नहीं चाहते हैं।
भिक्षा से दिन बिताते हैं॥

कथा आती है एक बार लोक विचरण के समय भगवान शिव ने देवी पार्वती के अनुनय पर एक परम वैरागी सन्यासी को कष्ट के समय वरदान मांगने को कहा। वीतराग ने कहा—भगवन् आपके दर्शन मात्र से कृतार्थ हुआ; मुझे कोई वरदान नहीं चाहिए। यूनानी दार्शनिक डायोनिसीज का भी कथन है कि गरीब वही है जो कामनाओं से पूर्ण है और धनवान वह है जो कामना रहित है।

साधना बहुत समय सापेक्ष है । कोई यह न सोचे कि मैंने बहुत साधना कर ली। यह तो निरन्तर निस्सीम है । बड़े-बड़े सिद्धों से बात करने पर भी यही उत्तर मिलता है कि अभी तो यह जीवन ही वृक्ष के एक पत्ते के समान है । हजारो वृक्षों के अगणित पत्तों की युगयुगीन साधना के पश्चात भी यह पूरी हो सकेगी इसमें सन्देह है । हमारा तो प्रयास ही रहना चाहिए; फल तो उस परम सत्ता के हाथ है। साधना से अनन्त शक्तियां स्वत: प्राप्त होती हैं । योगी लोग जहाँ और जब भी रहते या जाते हैं तो उन्हें कोई अभाव नही रहता । उन्हें अधिक की तो वासना नहीं और जितना कुछ चाहिए वह उन्हें स्वयं प्राप्त होता रहता है, यह प्रत्यक्ष अनुभव है ।

महाप्रभु जी की एक प्रार्थना के अनुसार—

आप बिना कौन हमारे नाथ हैं
जिनको जाय पुकारें हैं?
जहाँ देखो तहाँ आप ही आप हो,
नित्य चेतना निराकारी है।

दूसरे एक भजन में—

जोगी जती कोई मेहनत करके
बोवे भजन की बाड़ी;
या में बन्दर बड़ा हरामी
पल में बाड़ी उजाड़ी ।

अध्यात्म साधना में अनेक बाधाएँ आते रहना स्वाभाविक है । हमें उनसे विचलित नहीं होना चाहिए । यहाँ यूरोप तथा स्वदेश भारत में भी मेरी अपनी साधना-सन्देश कार्य के मध्य भी कई बार बाधाएँ आई जिनमें से कुछ की आप में से बहुतों को जानकारी है। पर गुरु कृपा से समय पर बाधाएँ दूर भी होती रहती हैं । तूफान के बाद शान्ति भी आती ही है । इसी विश्वास से चलते रहना चाहिए कि जो कुछ हुआ ठीक ही हुआ और आगे भी भगवत् कृपा से ठीक ही होगा । अच्छा बुरा तो संसार का शाश्वत नियम रहा है । भगवान् ईसा के सभी शिष्य भले और विश्वासी थे; पर अन्त में भवितव्य के कारण उनमें से ही एक ने धोखा दिया ।

सभी व्यक्ति एक जैसे नहीं हो सकते । हाथ की अंगुलियाँ ही छोटी बड़ी हैं । हमारे विचार भावनाएँ भी अलग-अलग हैं ।

गीता के बारहवें अध्याय में भक्ति के जिस स्वरूप का वर्णन है, वह मैं आप को समझाऊँगा। जीवन एक युद्ध क्षेत्र है । आत्मा कृष्ण, मन अर्जुन और हमारे सम्बन्धी योद्धा हैं हमारी अनियंत्रित इच्छाएँ, अंहकार, ईर्ष्या, द्वेष और लोभ आदि दुर्गुण । हमें उनसे संघर्ष कर उनका संहार करना है । यह कार्य कठिन अवश्य है पर हमें करना भी अवश्य है । अतः आत्म और सर्वजन हिताय वीरतापूर्वक संघर्षरत रहो। अन्त में विजय भी अवश्य होगी ।

हरि ओम्

२७. योगाभ्यास से लाभ

(बोल, अगस्त, १९८५)

प्रश्न - दैनिक जीवन में योगाभ्यास से क्या लाभ है?

किसी भी योग पद्धति में धीमा किन्तु विश्वसनीय विकास होता है। अपनी आत्मा के विकास हेतु किए गये योगाभ्यास से निम्नलिखित लाभ प्राप्त होते हैं:

१. सभी परिस्थितियों में जीवनयापन की कला

२. अच्छा स्वास्थ्य

३. ध्यान का केन्द्रीकरण

४. शाँति और आत्मविश्वास की प्राप्ति

५. शारीरिक और मानसिक सामंजस्य

६. बाह्य और आभ्यंतरिक क्रियाकलापों में संतुलन

७. नशे, व्यसन और माया मोह से मुक्ति

८. आत्म ज्ञान की प्राप्ति

इन सभी बिन्दुओं को विस्तार से विश्लेषित किया जा सकता है।

प्रश्न - योगी समस्याओं का समाधान किस प्रकार करता है?

योगी सर्वप्रथम तो समस्या के प्रकार पर विचार करता है। समस्याएँ मूलत: चार प्रकार की होती हैं—बाह्य, आन्तरिक, व्यक्तिगत और सार्वजनिक। बाहरी समस्याओं पर किसी का वश नहीं होता; उन्हें सहन करना ही पड़ता है। दुर्घटनाएँ, बाढ़, अग्नि, अकाल और भूकम्प जैसी विपदाऐं प्राकृतिक प्रकोप हैं जिनका सहज ही कोई इलाज नहीं है इसके विपरीत व्यक्तिगत समस्यायें, अधिकांशत: स्वनिर्मित होती हैं और सही दृष्टिकोण, क्षमा, दया, प्रेम, सहयोग आदि से इनका निराकरण किया जा सकता है। अपने स्वार्थ और इच्छाओं के बलिदान से यह कार्य सरल हो जाता है। किसी कवि की उक्ति के अनुसार —

ओ बन्धु! समझ कर दुख हर लो, सुख कर लो
अन्यथा जीवन को दु:ख से भर लो ।

प्रश्न - तामस और तामस गुण में क्या अन्तर है?

तामस स्वंय अन्धकार का प्रतीक है। तामस गुण उसका परिणाम प्रभाव है । व्यक्ति में तामसिक गुण हो सकते हैं, पर उसे हम पूर्ण तामसिक नहीं कह सकते । यही अन्तर है ।

प्रश्न—पूर्ण और ब्रह्माण्डीय चेतना में क्या अन्तर है?

पूर्ण चेतना गहरी निद्रा और बह्माण्डीय चेतना गहरे ध्यान समाधि के समान है । पूर्ण चेतना में व्यक्तिव का ज्ञान बना रहता है और वह आनन्द की स्थिति है । इसमें प्रकाश है पर कुछ काल के बाद यह उकताहट पैदा करती है । दूसरी ओर मोक्ष में कर्म से मुक्त होकर आत्मा और चेतना एकीकृत हो जाते हैं । मोक्ष प्राप्ति के लिए गुरु मन्त्र आवश्यक है । मंत्र जाप के निरन्तर अभ्यास से अजपा स्थिति आ जाती है और तब बिन मंत्र जाप के ही आत्मा इष्ट के प्रति स्वत: लय हो जाती है।

प्रश्न—प्रसाद से क्या अर्थ है?

प्रसाद गुरु के द्वारा प्रदत्त प्राण शक्ति का वितरण है । सामान्य अर्थों में प्रसाद फल, फूल, मिष्ठान्न या वह भोज्य पदार्थ है जिसे हम इष्ट, गुरु या देवार्पण करते हैं और फिर भक्तों में वितरण करते हैं । प्रसाद ग्रहण के साथ एक शक्ति ग्रहण करने जैसा अनुभव होता है ।

प्रश्न—हमारा दैनिक भोजन प्रसाद रूप में कैसे परिवर्तित हो सकता है?

गुरु को श्रद्धा भाव से समर्पित भोजन गुरु कृपा और आशीर्वाद से प्रसाद बन जाता है । मांस, मछली, अंडे, आदि तामसी वस्तुएँ प्रसाद नहीं हैं । प्राणियों का भी देव और राक्षस वृत्ति के रूप में विभाजन किया गया है । देवों की वृत्ति सात्विक और दानवों की तामसिक होती है । मांस, मद्य, प्याज, लहसुन, मिर्च जैसे तीक्ष्ण और तामसी प्रभावयुक्त भोजन का प्रभाव भी मन को दूषित करता है । जूठा और बासी भोजन भी तामसी हो जाता है । अत: आत्मा और शरीर की पवित्रता और सदविचारों के लिए दूध, फल, अन्न और मधु जैसे सात्विक भोजन का ही उपयोग करना चाहिए ।

भोजन पकाने की विधि का भी उसके गुण पर बहुत प्रभाव है। प्रेम, चतुराई, शुद्धि और पूर्ण विधि से पकाया हुआ भोजन गुणकारी और अच्छी भावनाओं को उत्पन्न करने वाला होता है। भोजन करने से पूर्व आप उसके एक सूक्ष्म भाग का भगवान् या इष्ट देव के भोग लगावें। उस प्रसाद को बाकी भाग में मिलाकर उसका सेवन करें। भोजन से पूर्व यह मंत्र जाप भी करें—

ब्रह्म अर्पणं ब्रह्म हवि
ब्रह्म अग्नौ ब्रह्मणा हुतम्
ब्रह्मै व तेना गन्तव्यम्
ब्रह्म कर्म समाधिना।

इस प्रकार समर्पित किया गया भोजन प्रसाद रूप हो जाता है। प्रसाद में बड़ी शक्ति है। हिन्दू लोग मन्दिर अथवा तीर्थस्थल से लाए गए प्रसाद को बड़े आदर और चाव के साथ ग्रहण करते हैं। इससे कई प्रकार के शारीरिक, मानसिक क्लेश दूर हो जाते हैं। महाप्रभुजी के सम्मुख कई बार कष्ट से पीड़ित लोग आकर जब आशीर्वाद माँगते तो महाप्रभुजी प्रसाद रूप में कोई मिश्री, मखाना अथवा फल फूल का एक टुकड़ा दे देते थे और उनका कष्ट बहुत सीमा तक दूर हो जाता था। वास्तव में भक्त की भावना पर प्रसाद का प्रभाव निर्भर करता है। यदि आप विश्वास और श्रद्धा के साथ प्रसाद ग्रहण करेंगे तो उसका फल अच्छा ही होगा।

भारत में झाड़ फूंक अथवा स्पर्श चिकित्सा का भी प्रचलन है, पर इसके प्रभावी होने के लिए दीर्घकालिक अभ्यास और साधना अत्यावश्यक है।

२८. कर्म

(बोल, अगस्त, १९८५)

कर्म क्रिया और प्रतिक्रिया का नियम है । यह व्यक्ति के कार्यों का संग्रह है । जो कार्य हम करते हैं उसका प्रभाव हमारे पर होता है । इसी कारण कर्म दर्शन के अनुसार जो कुछ हम हैं या भोग रहे है उसके लिए उत्तरदायी हम स्वयं हैं ।

दो वस्तुएँ अपरिवर्तनीय और सतत हैं—वे हैं समय और कर्म। समय न किसी की प्रतीक्षा करता है न किसी से पक्षपात । वह तो राजा रंक सभी को समान भाव से देखता है । जीवन में जो करना है, अभी कर लो। भविष्य तो अदृष्ट है, शायद अवसर आये न आये । बीता क्षण कभी नहीं लौटता । इसलिए किसी भी शुभकार्य के लिए आज ही सर्वोत्तम समय है ।

भारत में कर्म भाग्य का पर्याय बन गया है । अर्थ यही है कि जैसा हम करते हैं वैसा ही भरते हैं । हमारे कर्मों पर ही हमारा भाग्य आधारित है । कर्म दो प्रकार के हैं—निष्काम और सकाम। निष्काम का अर्थ बिना किसी फल या परिणाम की इच्छा से किए गये कार्य । यह भावना अति शुद्ध मानी गई है और गीता में भी भगवान् कृष्ण ने अर्जुन को इसी का उपदेश किया था । निष्काम कर्म से कर्ता दोष का भागी नहीं होता और निष्फल रहने पर उसे दुःख और निराशा नहीं होते। परमार्थ के लिए भी निष्काम मार्ग ही है । सकाम कर्म में कर्ता को सफलता की आशा आकांक्षा रहती है । पूरी न होने पर दुःख अवसाद घेर लेते हैं । दुःख का मूल कारण यही है । अतः कर्म योग में अच्छे और परोपकारी कार्यों को करने का उपदेश है । सब के हित में और सबके सुख में किया गया कार्य ही सत्कर्म है । बुद्धि और विवेक में यह अन्तर है कि बुद्धि केवल अपना नफा नुकसान देखती है जबकि विवेक वास्तविक रहस्य तक पहुँच कर निर्णय करता है कि इससे अपने हित के साथ किसी दूसरे का अहित तो नहीं हो रहा ।

कर्मवाद के यही मुख्य सिद्धान्त हैं ।

हरि ओम

२९. विवेक का विकास

(बोल, अगस्त, १९८५)

विवेक के विषय में कुछ आगे विश्लेषण किया जाता है। हिन्दी में एक सुन्दर दोहा है:

करत करत अभ्यास के, जड़मति होत सुजान।
रसरी आवत जात ते, सिल पर परत निशान ॥

संदेश है कि अभ्यास से अज्ञान व्यक्ति भी सुदक्ष हो जाता है।

योग के अनुसार आत्मा के चार अंगों का पूर्व में वर्णन हो चुका है। वे मन, बुद्धि, चित्त और अहंकार हैं। वे परस्पर अन्योन्याश्रित से लगते हैं। किन्तु विवेक उनकी विभाजक रेखा है और हमें सही मार्ग दिखाता है। मनुष्य मूल रूप से स्वार्थमय है। उसके स्वार्थ पर ठेस लगते ही वह दूसरों से क्रोधित विक्षुब्ध हो उनका अहित चिन्तन करने लगता है। वह दु:खी होकर आत्महत्या की सीमा तक चला जाता है। वास्तव में हानि किसकी है? यह तो उसके मन का चिन्तन है; उसके अहंकार का भाव है।

विवेक हमें इन तुच्छ भावनाओं से ऊपर उठाकर अपनी गलतियों का अहसास कराता है। दयाभाव, सहानुभूति और क्षमा उत्पन्न कराता है। सन्तों के लक्षण हैं संतोष, शांति, साधना, सत्य और सदाचार। ऐसे सन्त भावों से विवेक उत्पन्न होता है।

लोग व्यर्थ की बातों में उलझे रहते हैं। व्यर्थ के तर्क-वितर्क, खान-पान, पठन-पाठन, हंसी-मजाक, विचारों से बचना चाहिए। यह समय और शक्ति का अपव्यय है। इसके विपरीत मनन, चिन्तन और निदिध्यासन में मन लगाओ। गहरा ध्यान लगाओ। आत्म कल्याण का यही विवेकपूर्ण मार्ग है।

पहला साधन विवेक विचारो

तथा

सत्य असत्य कर न्यारा न्यारा

ये उक्तियाँ सारयुक्त हैं । इनसे सत्य की प्राप्ति होगी । छोटी सी गिलहरी भी जब अखरोट कुतरती है तो छिलके को दूर हटाकर केवल गिरी खाती है । हम तो बुद्धिमान मनुष्य हैं । अत: सदा स्वार्थ और शीघ्रता का त्याग कर विवेकपूर्ण कार्य करो ।

हरि ओम्

३०. आत्म चिन्तन

चेतना के विभिन्न स्तरों अचेतन, अवचेतन और चैतन्य मन का उल्लेख इससे पूर्व हो चुका है। स्वप्न, अतृप्त वासनाएँ, इच्छाएँ और कामनाएँ भी मनुष्य मन के बदलते रंग हैं। ध्यान और भक्ति में आत्म चिन्तन का बड़ा महत्व है। अपने आत्म और 'स्व' के विषय में शान्त मुद्रा में बैठकर धैर्य से सूक्ष्म तत्वों की खोज करना ही आत्म चिन्तन कहलाता है।

इसकी साधना के लिए एक मंत्र इस प्रकार है:

शिवोहम् शिवोहम् शिवोहम् शिवोहम्
वही आत्म सत्-चित्-आनन्द मैं हूँ,
अमर आत्म सत्-चित्-आनन्द मैं हूँ ॥
अखिल विश्व का जो परम आत्मा है
सभी प्राणियों का वही आत्मा है
वही आत्म सत्-चित्-आनन्द मैं हूँ ॥
अमर आत्मा है मरणशील काया,
सभी प्राणियों के जो भीतर समाया,
वही आत्म सत्-चित्-आनन्द मैं हूँ ॥
जिसे शास्त्र काटे न अग्नि जलावे,
गलावे न पानी, न मृत्यु मिटावे,
वही आत्म सत्-चित्-आनन्द मैं हूँ ॥
है तारों सितारों में आलोक जिसका,
है चाँद व सूरज में आभास जिसका,
वही आत्म सत्-चित्-आनन्द मैं हूँ॥
जो व्यापक है कण-कण में, है वास जिसका
नहीं तीनों कालों में हो नाश जिसका
वही आत्म सत्-चित्-आनन्द मैं हूँ ॥

अजर और अमर जिसको वेदों ने गाया,
यही ज्ञान अर्जुन को हरि ने सिखाया,
वही आत्म सत्-चित्-आनन्द मैं हूँ ॥
अमर आत्म सत्-चित्-आनन्द मैं हूँ,
शिवोहम्, शिवोहम्, शिवोहम्, शिवोहम् ॥

ध्यान के समय इस मंत्र का जाप करना चाहिए । इसे निर्गुण ध्यान कहा गया है। यह सत्य मंत्र है जो आत्मा को विश्वरूप में देखता है, जिसमें न कोई शत्रु-मित्र है, न कोई अपना पराया। इससे समाधि की प्राप्ति होती है । अपनी नित्य क्रिया के पश्चात् इस मंत्र का जाप करना चाहिए । ऐसे ध्यान के समय आधे या पौन घंटे का समय होना आवश्यक है । इसके निरन्तर अभ्यास से अवश्य सिद्धि प्राप्त होगी।

इसी प्रकार भक्त के ध्यान विषयक एक पद है:

तुमसे हमने दिल को लगाया
    जो कुछ है सो तू ही है ।
एक तुझको अपना पाया,
    जो कुछ है सो तू ही है
सबके दिल में मुकीम है तू,
    कौन सा दिल है जिसमें नहीं तू?
हर एक दिल में तू ही समाया,
    जो कुछ है सो तू ही है
क्या मलया क्या क्रिस्ता,
    क्या हिन्दू क्या मुसलमान;
जैसा चाहा सबको बनाया,
    जो कुछ है सो तू ही है ॥
काबा में क्या देवल में क्या,
    तेरी प्रतिष्ठा होगी सब जहाँ,
सबने तुझको सर है झुकाया,

जो कुछ है सो तू ही है।
अर्श से लेकर फर्श जमीं तक
और जमीं से अर्श बड़ी तक,
जहाँ में देखा तू ही नजर आया,
जो कुछ है सो तू ही है
सोचा, समझा, देखा, भाला,
तुझ जैसा कोई नजर न आया,
अब यह समझ में साधु के आया,
जो कुछ है सो तू ही है ॥

जगत् के स्वामी की पहचान के पश्चात् योगी ने यह पद गाया है । आत्म चिन्तन राज योग का अंग है और भजन भक्ति योग का । अजया स्तर पर बीज मंत्र से प्रेम और श्रद्धा का एक अजस्र प्रवाह फूटता है तो अन्त में आत्मा ध्यान में लीन हो जाती है । ये मार्ग अलग अलग हैं; पर सभी सिद्धि दायक हैं और अन्त में एक ही स्थान पर उनका लय हो जाता है।

महाप्रभुजी के अनुसार सिद्धि का एक अन्य सोपान है 'सत्संग'। सन्त महापुरुषों के सान्निध्य में अच्छे विचारों से युक्त वातावरण में रहने को ही सत्संग कहते हैं । इससे बुद्धि निर्मल होती है, विवेक, श्रद्धा और भक्ति जागृत होते हैं और पाप कर्मों का क्षय होता है। इसीलिए रामायण के एक दोहे के अनुसार—

तात वर्ग अपवर्ग सुख, धरिय तुला इक अंग ।
तुलैन ताहि सकल मिलि, जो सुख लव सतसंग ॥

इसके विपरीत कुसंग मनुष्य के सब सत्कर्मों को विनष्ट कर देता है । कुसंग बुरे व्यक्तियों का साथ है । जो बुद्धि को विकृत कर विवेक हीन बना देता है । इससे सब उल्टी बातें सुझती हैं जो मनुष्य आवेश उद्वेग में कर बैठता है और बाद में उसके परिणाम से सदा पश्चाताप के सिवा हाथ में कुछ नहीं रहता ।

अतः सदा कुसंग से बचो और योगी सन्तों का सत्संग करो । सत्संग के विषय में महाप्रभुजी एक भजन गाते थे:—

हमें है काम सत्संग से
जगत बकता तो बकने दे ।

पिता और माता या भाई,
    धन और माल लोकन का;
निरंजन ध्यान करने से,
    अगर मिटता तो मिटने दे ।
रहो गुरु चरण में जाके।
    मिटे सब फन्द चौरासी;
लोक कर्मों के भोगों में,
    अगर डूबे तो डूबन दे ।
गुरु के यश को गाने की
    लगी दिल बीच है मेरे;
यह मोह जाल की फाँसी,
    अगर छूटे तो छूटन दे ।
जपूँ अब जाप सोहम् का
    करूँ कल्याण मैं अपना;
बँधी सिर पाप की गठरी,
    अगर खुलती तो खुलने दे ।
सायब श्री देवपुरी सा पूरा,
    निजआनन्द झिल मिले नूरा,
शरण श्री दीप रहे तेरी,
    अगर मिलता तो मिलने दे ॥

सत्संग के महत्त्व के विषय में बहुत कुछ कहा गया है । क्रियायोग के बाद आपको उससे उच्चतर कायाकल्प योग के विषय में बताया जावेगा । इसके साथ ही बीज मंत्र भी दिया जावेगा ।

अपने आत्म चिन्तन में निरत रहो। निर्भय और निश्चिन्त रहना सीखो। इस जीवन में ही सुमार्ग का अवसर प्राप्त होने पर आनन्दित होकर ईश्वर का धन्यवाद करो। भक्ति और आत्म चिन्तन ही सच्चा मार्ग है। इस पर निरन्तर चलते रहो। आत्म चिन्तन, बीज मन्त्र, सत्संग और गुरु भक्ति ही जीवन के सार हैं ।

हरि ओम

३१. शक्ति, मंत्र, आत्मचिन्तन और सत्संग

(जोवी सैद, दिसम्बर, १९८५)

प्रश्न—क्या हम जीवन की समस्याओं, रोगों जैसे कर्मों से मुक्ति प्राप्त कर सकते हैं?

हमें अपने सभी कर्मों का फल तो भोगना ही पड़ता है किन्तु इस प्रक्रिया का कुछ साधनों से हम शीघ्र समाधान कर सकते हैं। हमें अपने सभी कर्मों से शुद्ध होना पड़ता है। यदि वस्त्र पर मैला चिकना धब्बा पड़ जावे तो बिना साबुन या अन्य शोधक वस्तु के वह मिट नहीं सकता। उपयुक्त साधनों, मंत्रों एवं पद्धतियों से हम शीघ्र शुद्धि प्राप्त कर सकते हैं। कर्म छूट जाते हैं। हृदय से किए गए ऐसे अभ्यास के परिणाम का शीघ्र अनुभव होने लगता है।

शक्ति ऊर्जा को कहते हैं। जीवन और स्पन्दन शक्ति के ही रूप हैं। यही निर्माण है। विभिन्न शक्तियों में प्रकृति और ब्रह्म शक्ति मुख्य हैं। इनके बिना समस्त विश्व के सभी क्रिया कलाप थम जाते हैं। ये मूल शक्तियाँ हैं ओर जगत जीवन संचालन के लिए अनिवार्य हैं, किन्तु स्वयं कार्य नहीं करती; इन्हें संयोजित करने का कार्य इच्छा शक्ति का है। यह दैवी इच्छा शक्ति उन्हें चुम्बकीय आकर्षण से निकट लाती है। इच्छाशक्ति का महत्व भी क्रियाशक्ति से है। क्रियाशक्ति इच्छाशक्ति की संचालक है। प्रकृति और पुरुष क्रियाशक्ति से ही विभिन्न कर्मों में प्रवृत्त होते हैं।

सुप्त योग्यताओं एवं क्षमताओं को जागृत करने के लिए सर्वप्रथम इच्छाशक्ति कार्य करती है। इच्छा या रुचि के बिना न हम कोई काम करते हैं, न अच्छे ढंग से कर सकते हैं। क्रिया के बिना जीवन नहीं चल सकता। सोते-जागते, उठते-बैठते हम जाने अनजाने कुछ न कुछ करते रहते हैं। अत: व्यर्थ और निरर्थक क्रियाओं से ऊपर उठकर हमें मानव जीवन को उच्चतम् स्तर पर ले जाने वाली क्रियाओं का अभ्यास करते रहना चाहिए।

माता प्रकृति शक्ति का रूप है और पिता ब्रह्म शक्ति का अत: ये दोनों अति पूज्य हैं । साधक के लिए मंत्र जाप, सत्संग और आत्म चिन्तन अति आवश्यक और उपयोगी क्रियायें है । सत्संग से ध्यान और आत्म ज्ञान को प्रेरणा मिलती है । अत: सत्संग का कभी त्याग न करो ।

गुरु से प्राप्त मंत्र का निरन्तर जाप करते रहो। इससे अगले स्तर पर बीज मंत्र दिया जायेगा। आत्मविश्वास और आत्म स्वरूप की पहचान के लिए चिन्तन के इन बिन्दुओं पर विचार करो:—

मैं विशुद्ध आत्म स्वरूप हूँ ।

मैं केवल ज्ञानेन्द्रियों तक सीमित नहीं हूँ ।

मेरी सीमा केवल कर्मेन्द्रियों तक ही नहीं है ।

मैं केवल पंचप्राण ही नहीं हूँ ।

मैं केवल बुद्धि और भावना ही नहीं हूँ ।

मैं अजन्मा और अजर अमर हूँ ।

मैं परम शक्ति, ज्ञान और आनन्द स्वरूप हूँ ॥

इन पंक्तियों के सार को मन में धारणा करने से आप में एक विलक्षण शक्ति जागृत होगी और जीवन में एक परिवर्तन होगा। कर्मों पर नियंत्रण होगा, किन्तु आपको दु:ख निराशा की भावनाओं को त्यागना होगा। आत्म चिन्तन का सार यही है।

सत्संग का नियमित सेवन करो । महीने में कम से कम एक दिन तो सत्संग के लिए अवश्य निकालो । इसमें भजन, महापुरुषों के जीवन, शास्त्र पठन-श्रवण सम्मिलित हैं । आप को स्वंय भी भक्ति गीत गाने का अभ्यास करना चाहिए। यथा:

ओम् शक्ति ओम् - ओम् शक्ति ओम् - ओमशक्ति ओम् ....

ब्रह्म शक्ति ओम् - ब्रह्म शक्ति ओम्

इच्छा शक्ति ओम् - इच्छा शक्ति ओम् ....

गाते समय इन शब्दों पर ध्यान देते हुए परम शक्ति मां, परम पिता ब्रह्म, परम गुरु का ध्यान करते हुए अन्तरिक्ष और महाशक्ति में विचरण करते हुए अपने अन्तर में भी शक्ति और उच्चतर चेतना का अनुभव करो ।

हरि ओम्

३२. भाग्य

(नोवी सैद, जनवरी, १९८६)

भारत में प्रचलित एक सुप्रसिद्ध भजन है:

मुसाफिर मत ना भटके रे ।
मुसाफिर मत ना भटके रे
राम भरोसे काम तेरा
कबहुं न अटके रे ॥

अर्थात सभी काम ईश्वर पर छोड़ दो । तुम क्यो चिन्ता करते हो? ईश्वर सब अच्छा ही करेंगे। ईश्वर - विश्वास की यह एक सुन्दर शब्दावली है ।

यह सर्वविदित है कि भाग्य कर्म से बनता है । अपना कर्तव्य अवश्य करो पर इस सीमा तक कि उसमें लोभ,ईर्ष्या और दूसरों का भाग छीनने की इच्छा न हो । भाग्य से जो प्राप्त होता है उससे सन्तुष्ट रहो । कहावत है—भगवान नें चोंच दी है, तो चुग्गा भी देगा । वास्तव में दाता ईश्वर ही है और वही सारे विश्व प्राणियों के भोजन पानी की व्यवस्था करता है । बालक के जन्म से पूर्व ही माता के स्तनों में वह दूध आहार की व्यवस्था कर देता है । चींटी को कण और हाथी को मण वही देता है । पत्थर में बैठे कीट और अंडे में बैठे जीव के भोजन की उसे ही चिन्ता है । मलूकदासजी का एक दोहा प्रसिद्ध है —

अजगर करे न चाकरी, पंछी करे न काम;
दास मलूका यों कहे, सब के दाता राम ।

अत: मनुष्य को ईश्वर विश्वास के साथ सामान्य जीवन आवश्यकताओं की पूर्ति के लिए निश्चिन्त रहना चाहिए । वास्तविक सुख तो सन्तोष से है, लोभ से नहीं । धन से कभी प्यास नहीं बुझती । धनवान लोग भी तो जून रोटियाँ ही खाते हैं । चिन्ता और रोग से वे रोटी भी सुख से नहीं खा सकते । धन सम्पति मुत्यु के बाद सब यहीं धरे रह जाते हैं । साथ कुछ नहीं चलता ।

इसलिए धन लोभ, असत्य अनुचित साधन त्याग कर ईश्वर द्वारा नियत अपने भाग्य पर भरोसा रखते हुए सरल, सादा और ईमानदारी का जीवन व्यतीत करो। इसी में सच्चा सुख है। मनुष्य का भाग्य भी स्वयं द्वारा संपादित कार्य ही है। अत: अपने भाग्य के निर्माता बनो।

प्रश्न—क्या कर्म फल से बचने का कोई उपाय है? क्या रोगादि कर्म फल या भाग्य को रोका जा सकता है।

भाग्य या निश्चित नियति की घटनाएँ तो अनिवार्य होती हैं; पर सामान्य घटनाओं को अपने कर्म और प्रयास से परिवर्तित किया जा सकता है। विद्यार्थी परिश्रम करता है तो परीक्षा उत्तीर्ण कर लेता है, परिश्रम के अभाव में असफल रह जाता है। रोग का भी दवा और पथ्य से उपचार निवारण हो जाता है। कुछ बातें अवश्य भाग्य या नियति के अधीन हैं जैसे जीवन और मृत्यु। परोपकार से व्यक्ति के पाप कर्मों का क्षय होता है। अत: अपनी त्रुटियों तथा भूलों के दण्ड निवारण और प्रायश्चित के लिए अच्छे और पुण्य कार्यों में प्रयासरत रहना चाहिए। अच्छे कर्मों की निरन्तर साधना से अज्ञात रूप में ही अच्छे प्रारब्ध या भाग्य का निर्माण होता रहता है। एक गीत की पंक्तियों का अर्थ है —

आप पौधे की बढ़ने की क्रिया को तो नहीं देख सकते पर कुछ दिन सींचने पर आपको बगीचे में फूलों और सुगन्ध सौंदर्य का दृश्य देखने को मिलेगा। सूर्य और चन्द्रमा की आकाश में गति दिखाई नहीं पड़ती पर वे नित्य पूर्व से पश्चिम के सीमा स्थलों का स्पर्श कर लेते हैं। योग-साधना की निरन्तरता भी इसी प्रकार फलवती होती है और अनजाने ही सिद्धि की ओर अग्रसर करती रहती है। कुछ भाग्यशाली लोग बाहरी दिखावे से नहीं वरन् आन्तरिक वृत्तियों और पुण्य कर्मों से वास्तविक योगी और साधक होते हैं। ऐसे लोगों को नमस्कार वन्दना।

मन में दो प्रकार की विरोधी वृत्तियों का आवास है। ये है संकल्प और विकल्प। संकल्प किसी निश्चय पर पहुँचने को कहते हैं। विकल्प उसके भुलावे अथवा दूसरे बदले विचार का नाम है। मनुष्य को संकल्प-विकल्प के द्वन्द्व से बचना चाहिए। जो संकल्प कर लिया, उस पर दृढ़ रहना सीखो। संकल्प करते

समय विवेक बुद्धि से उसके लाभ हानि का विचार विवेचन अवश्य कर लो, किए हुए संकल्प पर विकल्प का भाव आना सफलता में बाधक है ।

आज के अच्छे बुरे कार्य आपके कल के भाग्य निर्माता हैं ।

हरि ओम्

३३. माया

(नोवी सैद, जनवरी, १९८६)

कई बार मन में यह प्रश्न उठता है— हम कहाँ से आए हैं? क्यों आए हैं और अन्त में कहाँ जायेंगे? मानव होते हुए भी हमारा ज्ञान सीमित है। दुर्भाग्य वश अधिकांश लोगों ने अपने धर्म को विस्मृत कर दिया है । धर्म क्या है? धर्म का अर्थ किसी नैतिक व्यवस्था में विश्ववास तो है ही पर इसका अर्थ कर्तव्य से भी लिया जाता है । सभी प्राणियों की सेवा ही धर्म है । जीवन का उद्देश्य उसकी उत्पत्ति और गन्तव्य के मर्म रहस्य को समझना है ।

मानव जीवन वास्तव में एक दुर्लभ हीरे के समान है; पर हम उसके मोल को न समझ कर उसे पत्थर के समान उदासीनता से फेंक देते हैं । बाद में ज्ञान होने पर पश्चाताप करते हैं । बाह्य जगत के आनन्द-आकर्षणों में लिप्त रह कर हम अन्तरात्मा की आवाज को अनसुना कर देते हैं । यह आत्मघाती प्रवृति है ।

विद्या प्राप्ति, गृहस्थ पालन के लिए आवश्यक धनोपार्जन आदि सामान्य कर्तव्य तो पालनीय हैं; पर लोभ और मोह के वशीभूत होकर यश, काम-सुख, विलास और अहं तुष्टि जैसे अस्थिर विषयों के पीछे दौड़ते रहना माया और मृग मरीचिका है जिससे कभी सन्तुष्टि नहीं हो सकती । संसार में रहते हुए भी त्यागी वैरागी बनो । विवाह और गृहस्थ जीवन बुरे नहीं हैं । विवाह में पति पत्नि का एक दूसरे के प्रति पूर्ण प्रेम और समर्पण भाव होना चाहिए । गृहस्थ में अपने उपार्जन का सदुपयोग करते हुए एक अंश बचाकर हम दान और पुण्य कार्यों में लगा सकते हैं । यदि स्त्री पुरुष का सच्चा प्रेम है तो वे पुण्य के भागी हैं । महा प्रभुजी कहते थे—

नर नारी का एक मता ।
तो होत स्वर्ग में ताकी सता ।

अर्थात यदि पति पत्नी में सम्पूर्ण प्रेम समर्पण है तो वे अवश्य स्वर्ग प्राप्ति के भागी होते हैं ।

अपने मन पर नियंत्रण करना परमावश्यक है। ब्रह्मचर्य पालन, सत्संग और प्रार्थना से यह संभव है। गुरु जी का एक पद है —

धन्य हैं सन्तजन सूरा,
मन को वश में करते पूरा।

तथा एक अन्य भजन के अनुसार—

मैं तो उन सन्तों का दास,
जिन्होंने मन मार लिया।

हरि ओम्

३४. निर्गुण और सगुण

(वियेना, १९८५)

ईश्वर के विषय में दो कल्पनाएँ हैं — निर्गुण और सगुण । स्वरूप हीन ईश्वर निर्गुण कहलाता है । सगुण का अर्थ है जिसका स्वरूप हो, भौतिक गुणों से युक्त । कुछ लोगों का यह विश्वास है कि ईश्वर का क्या स्वरूप हो सकता है? व्यक्ति के रूप में ईश्वर की कल्पना असंभव लगती है,अत: उसका वर्णन भी नहीं हो सकता । दूसरी ओर ईश्वरीय सत्ता को भगवान राम, कृष्ण, ईसा, बुद्ध, मोहम्मद,महाप्रभुजी आदि रूपों में माना जाता है । अनेक अवतारी महापुरुषों के रूप में ईश्वर की कल्पना की गई है, जिन्होंने निर्गुण से सगुण रूप धारण किया। ऐसे लोगों को प्रबुद्ध अथवा आप्तज्ञानी कहा जाता है ।

महान सन्तों ने तपस्या और ध्यान के द्वारा आत्मज्ञान प्राप्त किया है । समय समय पर संसार में ऐसे प्रबुद्ध और शक्ति सम्पन्न अवतार हुए हैं । वे निर्गुण और दैवी स्वरूप के समन्वय है । विद्युत केन्द्र जैसे प्रकाश बत्ती जलाता है, वे भी अपने ज्ञानालोक से हमें प्रकाशित करते रहते हैं ।

भगवान, कृष्ण गीता में अर्जुन को सगुण रूप के विषय में कहते हैं:

हे अर्जुन मेरे और तुम्हारे अनेक जन्म हो चुके हैं,
मुझे उनका स्मरण है, तुम्हें नहीं ।
अजन्मा, अमर और सबका स्वामी होकर भी
मैं अपनी प्रकृति पर नियंत्रण रखकर
अपनी ही योग माया से स्वरूप धारण करता हूँ ।
हे भारत जब कभी संसार में पाप बढ़ता है और धर्म का पतन होता है,
मैं अवतार धारण करता हूँ
जिससे पापियों का विनाश हो सके
और धर्म की स्थापना हो सके;
इस उद्देश्य से युग युग में मेरा जन्म होता है ।

हे अर्जुन जो मुझे इस रूप में जानता है,
मेरे इस दैवी स्वरूप को सच्चे अर्थों में पहचानता है,
वह मृत्यु के पश्चात फिर भौतिक देह धारण नहीं करता,
और मुझे प्राप्त कर लेता है ।
सभी विकारों,भावनाओं से विमुक्त होकर
भय क्रोधादि से विहीन,मेरी ही शरणागत,
मुझ में ही विलीन हो जाता है ।
इस प्रकार के सन्यास ज्ञान से युक्त, पवित्र,
अनेक लोगों ने मेरा ही स्वरूप प्राप्त कर लिया है ।
वे जिस रूप में भी मेरे पास आते हैं,
अपने भक्तों को मैं उसी रूप में स्वीकार लेता हूँ,
हे अर्जुन! जो मेरे मार्ग का अनुसरण करते हैं,
वे चाहे किसी मार्ग के पथिक हों
मुझे ही प्राप्त हो जाते हैं ।

सृष्टि के प्रारंभ में केवल दैवी प्रेरणा से युक्त शून्याकाश का ही अस्तित्व था । ब्रह्माण्ड का उद्‌गम ईश्वरत्व की इच्छा का प्रतिफल है । इश्वरेच्छा से ध्वनि और शब्द रचना हुई । ध्वनि ब्रह्माण्ड का सर्वाधिक शक्तिशाली तत्व है । 'ओम' शब्द दैवी और प्रारंभिक प्रकम्पन है । यह अवर्णनीय, सर्वव्यापक और परम पवित्र है । इसके उच्चारण से शरीर और प्राण की शुद्धि होती है । प्रेम में भी दो आत्माओं का अस्तिव है, पर 'ओम' शब्द अद्वितीय और सर्वत्र विद्यमान है । इसी से संसार की रचना होती है । सत्, रजस्, और तमस् गुणों का यह सम्मिलित रूप है । भूत, भविष्य और वर्तमान में भी यह व्याप्त है । यह त्रिदेव ब्रह्मा, विष्णु और महेश स्वरूप है । भगवद्‌गीता में निर्गुण के विषय में इस प्रकार उल्लेख है:

निर्बुद्धि लोग मेरी कल्पना करते हैं,
मैं रूप-अरूप दोनों हूँ,
वे मेरी अजर अमर प्रकृति से अनभिज्ञ हैं ।
अपनी ही माया में अदृश्य,
मैं सर्व साधारण के लिए अग्राह्य हूँ ।

यह भ्रमित संसार मेरी परम सत्ता को नहीं जानता,
हे अर्जुन! मुझे भूत, भविष्य, वर्तमान सब ज्ञात है,
पर मेरा ज्ञान किसी को भी नहीं हैं।
किन्तु विवेक से जिनका अज्ञान नष्ट हो गया है,
जिनके हृदय में सूर्य के समान आत्म प्रकाश से मैं प्रकाशित हूँ।
जो व्यक्ति योग को अपनी आत्मा का अंग मानता है,
सब प्राणियों में अपना ही स्वरूप देखता है,
जो सब वस्तुओं में मुझे और मुझ में सब वस्तुओं को देखता है,
उसकी दृष्टि से मैं कभी दूर नहीं होता
न मैं उसे कभी विस्मृत करता हूँ।
जो योगी एक रूप मुझ परमेश्वर को जानता है
और जो सभी प्राणियों में मेरे रूप के दर्शन करता है,
वह कोई भी कर्म करता हुआ, मुझमें ही स्थित है।
हे अर्जुन! जो व्यक्ति अपनी आत्मा में
सभी प्राणियों के समान भाव से दर्शन करता है,
दु:ख, और सुख में जो समभाव रहता है,
वह सर्वश्रेष्ठ योगी है।

कठोपनिषद में निर्गुण की व्याख्या इस प्रकार है: समस्त ब्रह्माण्ड, सभी संसारों और ग्रहों-उपग्रहों में परमात्मा अथवा सर्वोच्च ब्रह्म का वास है। जब तक हमें यह ज्ञान नहीं होगा, हमारे पुनर्जन्म होते रहेंगे। परमात्मा का तो,वर्तमान, भूत और भविष्य में एक ही स्वरूप है। केवल कर्म के आधार पर प्राणी के अलग अलग स्वरूपों का निर्धारण होता है। जब तक हमें इस का ज्ञान नहीं होगा, हमारे जन्मान्तर होते रहेंगे। परमात्मा का सदा, एकही शाश्वत स्वरूप है। जिस प्रकार वर्षा ऋतु में जल का स्वरूप अनेक धाराओं में प्रवाहित होता है, उसी प्रकार एक ही परमात्मा से अपने कर्मानुसार अनेक आत्माओं की उत्पति होती रहती है।

परमात्मा सूर्य के प्रकाश के समान सर्वव्यापी, सम्पूर्ण और सर्वकालिक है। यह जल और वायु के सदृश है। जिस स्थान अथवा पात्र में उसकी उपस्थिति है, वह वही रूप धारण कर लेता है। सूर्य एक है पर भिन्न कोणों से उसका रूप

भिन्न दिखाई देता है। उसी प्रकार परमात्मा का वास प्रत्येक हृदय में है, वह कर्मों से निर्लिप्त है।

ऐसे में यह प्रश्न उठता है ऐसे निर्गुण ब्रह्म की प्राप्ति कैसे हो? वह अरूप, अगम्य होने से दृष्टि और बुद्धि की पकड़ में नहीं आता। उत्तर है कि हमारी आत्मा भी तो अरूप-अदृष्ट हैं। 'दोनों' की एक ही प्रकृति होने से आत्मा और परमात्मा सदा सर्वदा अटूट, अभिन्न है। अत: निर्गुण से आत्म साक्षात्कार संभव है। नदी का प्रवाह अन्त में सागर में विलीन हो जाता है। उसका स्वयं का नाम रूप अदृश्य हो जाने के समान आत्मा भी ब्रह्म स्वरूप हो जाती है।

वेदान्त दर्शन के अनुसार बाह्य रूप केवल माया है। भौतिक तत्व और आकार सब नाशवान हैं। केवल आत्मा ही अमर है; अत: उसी को जानने का प्रयत्न करो। निर्गुण के ज्ञान बिना मुक्ति असंभव है। पदार्थ में आस्था से ही कष्ट, पीड़ा और निराशा उत्पन्न होती हैं। परम सत्य की प्राप्ति निर्गुण रूप में ही संभव है। आज का कलियुग हमारे ही पाप कर्मों का फल है। चार भिन्न युग इस प्रकार हैं: सत युग, त्रेता युग, द्वापर और कलियुग। चार ही जीवन के आश्रम हैं—ब्रह्मचर्य, गृहस्थ, वान प्रस्थ और सन्यास। चार ही वेद हैं—ऋग्वेद, सामवेद, यजुर्वेद और अथर्व वेद। चार ही पुरुषार्थ अथवा कर्तव्य पथ हैं—धर्म, अर्थ,काम और मोक्ष। चार ही समाज वर्ण हैं—ब्राह्मण, क्षत्रिय, वैश्य और, शूद्र। कर्मों का विभाजन भी चार प्रकार से है: तन, मन, वचन और धन। भारतीय दर्शन और जीवन दर्शन से सम्बद्ध इन चतुष्टयों का गंभीर महत्व है। इनका विभाजन हमारे मनीषियों ने बहुत सूक्ष्म विचारपूर्वक किया है और वे शाश्वत और निरन्तर हैं। उनका स्वरूप बदल सकता है, अस्तित्व नहीं। अत: इनपर मनन करना चाहिए और तदनुरूप ही जीवन पद्धति अपनानी चाहिए। विज्ञान के कार्य कारण और परिणाम सिद्धान्त के अनुसार हमारे प्रत्येक कर्म का कुछ कारण है और उसके परिणाम भी हमें भोगने होंगे। अत: परपीड़न और दुष्कर्मों से बचना ही श्रेयस्कर है।

शुभ अशुभ कर्मों पर विजय प्राप्त करने का एक ही उपाय है। बुद्धि और विवेक से समय और स्थल की आवश्यकतानुसार निस्वार्थ भाव से कर्म करो, किन्तु उसके फल की इच्छा त्याग कर उसे परमात्मा को समर्पण कर दो—

गोविन्दाय समर्पणमस्तु:

आपको कभी कर्म दोष नहीं लगेगा। आप कर्म मुक्त हो जाओगे।

अन्तिम लक्ष्य तो निर्गुण ब्रह्म की प्राप्ति है; पर वह सगुण मार्ग से ही संभव है। ईश्वर प्राप्ति के कई उपाय हैं, पर योग उनमें प्रमुख है। वह सरल, सीधा और अविलम्ब मार्ग है। गीता में भगवान् कृष्ण भक्तों से प्रतिज्ञा करते हैं:

हे अर्जुन! परम पुरुष में नित्य अवस्थित,
निरन्तर और दृढ़ विश्वास युक्त
व्यक्ति ही ईश्वर को प्राप्त होता है।
हे अर्जुन! जो पुरुष सदा मेरा स्मरण करते हुए
अन्य किसी संकल्प विकल्प में नहीं पड़ता,
उस भाग्यशाली को ही परम तत्व का ज्ञान होता है।
जो व्यक्ति शत्रु और मित्र को समान भाव से देखता है,
मान और अपमान में जो समभाव रहता है
शीत और गर्मी, सुख और दु:ख जो समान भाव से सहता है,
निन्दा और स्तुति जिसको प्रभावित नहीं करते,
माया और मोह से दूर जो शान्तचित्त है,
जो कुछ मिला जाय, उसी में जो सन्तुष्ट है,
जो आत्म तृप्त है और कभी विचलित नहीं होता,
और जो मन और बुद्धि का मुझ (ईश्वर तत्व) को समर्पण कर देता है,
ऐसा भक्त मुझे प्रिय है।

शंकर-वेदान्त के अनुसार पूर्णज्ञान ही भ्रम का निवारण कर सकता है। वेद सार यही है कि आत्मा और ब्रह्म अभिन्न और एक रूपा हैं। योगी आत्म ज्ञान से समस्त विश्व को अपने में ही समाहित देखता है। आत्म साक्षात्कार से तत्काल मुक्ति संभव है। उपनिषदों के अनुसार ज्ञान ही मोक्ष मार्ग है। ज्ञान की प्राप्ति गुरु से ही हो सकती है, अत: गुरू परम्परा का निर्वाह कर ज्ञान की प्राप्ति द्वारा भवसागर पार करो। मैं भी अपने गुरु को इसी निमित्त स्मरण कर नमन करता हूँ।

भगवान राम ने भक्तिमार्ग का निरूपण इस प्रकार किया है:

१. सर्व प्रथम पवित्र और ज्ञानीजनों का ध्यान करो।
२. मेरे ब्रह्म और सर्वशक्तिमान स्वरूप का ध्यान करो।

३. मेरे समस्त गुणों को पहचानो ।
४. मेरे उपदेशों पर मनन करो और उनका प्रचार प्रसार करो ।
५. सतगुरु की प्राप्ति से आत्म नियंत्रण और अनुशासन के गुण ग्रहण करो ।
६. मेरी प्रार्थना में नियमित रहो ।
७. गुरु से पवित्र मंत्र की प्राप्ति करो ।
८. मेरे भक्तों का आदर करो और सब प्राणियों में मेरे ही स्वरूप का दर्शन करो ।
९. संसारिक वस्तुओं के मोह का सर्वथा त्याग करो ।

यही नवधा भक्ति कहलाती है । इस मार्ग से स्त्री-पुरुष, छोटे-बड़े सभी मुक्ति प्राप्त कर सकते हैं । इससे मेरा तत्व समझोगे । भक्ति और ज्ञान से जीवन काल में ही मोक्ष प्राप्त हो सकता है । मेरे प्रति समर्पण से भक्ति और मुक्ति सुलभ है । मैं स्वय उपस्थित होकर अपने हाथों तुम्हारा उद्धार करूँगा ।

हरि ओम्

३५. कठोपनिषद् से

(वियेना, अक्तूबर, १९८५)

उपनिषदों में कठ् अत्यन्त प्रसिद्ध है । इसमें एक मौलिक कथा चित्रण है। मृत्यु के देवता यम ने जिज्ञासु युवक नचिकेता को परम तत्व का ज्ञान दिया था । कथा के प्रारंभ में यह शान्ति मंत्र आता है:

ॐ सहनो वावतु,
सहनो भुनक्तु
सह वीर्यम करवावहै,
तेजस्विना व धीतमस्तु,
मा विद्विशावहै,
ॐ शान्तिः शान्ति : शान्तिः

इसमें परमात्मा से सम्पूर्ण श्रद्धा भाव से शक्ति, सुरक्षा, ज्ञान, तपस्या और शान्ति की प्रार्थना की गई है ।

कठोपनिषद् में ब्राह्मण उद्दालक के पुत्र ज्ञान जिज्ञासु नचिकेता की कथा आती है । उद्दालक को एक बलियज्ञ करना था । नियमानुसार उसे अपना सर्वस्व बलिदान करना आवश्यक था। बदले में उसने केवल पशुधन का ही त्याग किया; पशु धन में भी केवल ऐसी गायें और घोड़े जो बीमार, वृद्ध और वन्ध्या थे। नचिकेता शास्त्रों के सत्य का ज्ञाता था । वह अपने पिता के त्याग के असत्य और आडम्बर को समझ गया । उसने कहा, "मैं भी आप ही का हूँ । आप मुझे किसको दान करेगें?" उद्दालक ने जब उसका उत्तर न दिया तो बालक बार बार उसे पूछने लगा । अन्त में उद्दालक को क्रोध आ गया और वह बोला "मैं तुम्हें मृत्यु को देता हूँ ।"

नचिकेता पवित्रात्मा और आज्ञाकारी पुत्र था । वह अपने पिता के वचनों को व्यर्थ नहीं जाने देना चाहता था । वह गृहत्याग कर मृत्यु के देवता यमराज के पास चल पड़ा। यमराज घर पर नहीं मिले । नचिकेता ने व्रत ले लिया कि यम के आने

तक अन्न जल ग्रहण नहीं करूँगा । तीन दिन पश्चात यमराज लौटे और एक ब्राह्मण कुमार को हुई असुविधा के कारण क्षमा याचना की। उपनिषद् में लेख है:

अतिथि देवो भव

अतिथि या मेहमान को देव स्वरूप मानना चहिये ।

क्षति पूर्ति के लिए यम ने नचिकेता से तीन वरदान मांगने को कहा । इन्हीं वरदानों की रूपरेखा से पूरी कथा का विस्तार किया गया है । नचिकेता ने प्रथम वरदान अपने पिता के लिए ही माँगा। उसने कहा कि मेरे पिता के सुख,समृद्धि और कर्मों की शुद्धि के लिए मेरी मृत्यु के प्रतिदान का फल प्राप्त हो । यम ने इसे सहर्ष स्वीकार कर लिया।

दूसरा वरदान नचिकेता ने यज्ञ और अग्नि के नियम पूर्ण संस्कार और उनके महत्व के विषय में ज्ञान प्राप्ति के लिए माँगा । यम राज ने उसे वह ज्ञान भी प्रदान कर दिया जिससे मोक्ष और स्वर्ग प्राप्त हो सके ।

नचिकेता का अन्तिम प्रश्न आत्मज्ञान के प्रति था । वह ब्रह्मज्ञान का जिज्ञासु था। यम ने पहले तो इस प्रश्न का उत्तर यह कह कर टाल दिया कि यह ज्ञान समझना उसके लिए अति कठिन है । वास्तव में यमराज परीक्षण करना चाहते थे कि वह ब्रह्मज्ञान प्राप्त करने के योग्य पात्र है अथवा नहीं । यह ज्ञान केवल योग्य पात्र को ही प्रदान करने का विधान है, अन्यथा प्रदाता पाप का भागी होता है ।

बदले में यम ने नचिकेता को अतुल धन, सुख-सम्पति, परिवार और सिद्धियाँ देने का प्रस्ताव किया । उसने कहा कि तीसरा वरदान छोड़ दो । किन्तु नचिकेता ने इसे अस्वीकार कर दिया । उसने कहा कि ये सब वस्तुएँ तो माया हैं, सीमित और अस्थिर हैं क्योंकि मृत्यु के साथ ही इन सब का अन्त है । अत: उसने ब्रह्मज्ञान पर ही बल दिया । उसने शिष्य वर्ग की सामान्य भूल नहीं की । थोड़ी सी सिद्धि प्राप्त होने पर वे प्रसन्न और सन्तुष्ट हो जाते हैं । वे अखंड आनन्द के बदले अल्प सुख भोग के जाल में फँस जाते हैं और वे परमतत्व के साक्षात्कार से वंचित रह जाते हैं ।

जब यमराज ने नचिकेता की सत्य और अनन्त जिज्ञासा देखी तो उसने उसे माया और ब्रह्मज्ञान का भेद बताने का संकल्प किया । उसने कहा—

जो लोग बुरे व्यसनों में उलझे हैं, जो परमात्मा को भूलकर सांसारिक भोगों में लिप्त हैं, जो ईश्वर में विश्वास नहीं करते, जिनका मन चंचल है, वे सदा अशान्त और असन्तुष्ट रहते हैं। वे चाहे कितने भी विद्वान और सुशिक्षित हो, ईश्वर को प्राप्त नहीं कर सकते। यमराज ने जीवात्मा और परमात्मा का भेद समझाया। ब्रह्मज्ञानी जन्म मृत्यु के कष्टों को जानता है। मनुष्य योनि से ही वह मोक्ष प्राप्त कर सकता है और मनुष्य जीवन उसे अनेक जीवनों के शुभ कर्मों से मिला है। उसे ध्यान और परमार्थ सुलभ हैं। वह जीवात्मा का परमात्मा के साथ संयोग के ज्ञान को समझता है। मनुष्य मरण धर्मा है,ईश्वर अमर। मनुष्य क्रियाशील है, ईश्वर निष्क्रिय और दृष्टा मात्र। मनुष्य का जन्म होता है। परमात्मा अजन्मा है। जीवात्मा अपने कर्मों का शुभ अशुभ फल चखता है, परमात्मा अलिप्त है। जीव अपने ही में स्थित परमात्मा तत्व को भूल जाता है। परमात्मा और आत्मा सूर्य और छाया के समान भिन्न हैं। जीवात्मा अपूर्ण और सीमित ज्ञान और अस्तित्व युक्त है। परमात्मा पूर्ण, प्रकाशमान और सर्वव्यापी है। जीवात्मा भी अपना अल्प प्रकाश परमात्मा से ही ग्रहण करता है। अत: परमात्मा का सदा स्मरण, मनन, ध्यान करना चाहिए। प्रार्थना इस के लिए सबसे बड़ा साधन है। स्वयं यमराज भी यज्ञाग्नि के समक्ष परमात्मा से शक्ति, ज्ञान और त्याग की प्रार्थना करते हैं।

जीवात्मा अनेक जन्मों में भटकती रहती है। वह सांसारिक भोग सुखों के पीछे दौड़ती रहती है। उसे वास्तविक सुखशान्ति का ज्ञान नहीं। मानव जीवन उसे इस ज्ञान के निमित्त ही दिया जाता है। जीवात्मा इस मानव देह रूपी रथ पर आरूढ़ होकर मन, बुद्धि इन्द्रिय निग्रह, मंत्र, कीर्तन, भजन,प्रार्थना की सहायता से इस संसार पथ को पार कर सकता है।

अन्त में यमराज ने समझाया—हे नचिकेता! संसार मात्र माया है। सब वस्तुएँ अस्थिर निस्सार हैं। उनसे निराशा ही हाथ लगती है। केवल परमात्मा ही नित्य है। यही ब्रह्मतत्व है। इसका ज्ञान होने पर व्यक्ति दु:ख और मोह से छूट जाता है। मनुष्य देह में ही ईश्वर का साक्षात्कार करो, अन्यथा यह असंभव है।

मन, बुद्धि, जीवात्मा निम्नतर से उच्चतम सीढ़ियाँ हैं । जीवात्मा का ही उच्चतम रूप परमात्मा है । योग से पवित्र अन्तःकरण वाले साधकों को आत्मतत्व के मार्ग से परमात्मा के दर्शन होते हैं ।

नचिकेता ने यमराज के उपदेशों को ध्यान से सुना । इस शुद्ध ज्ञान और पवित्र आत्मा के द्वारा वह परमात्मतत्व को प्राप्त हुआ । उसे ब्रह्मज्ञान लाभ हुआ । नचिकेता के समान जिज्ञासु और शुद्ध हृदय भक्तों को उसी की भाँति परमज्ञान और मोक्ष की प्राप्ति होगी ।

हरि ओम्

३६. भावना और आत्मा

(वियेना, नवम्बर, १९८५)

भावना और आत्मा का वैसा ही सम्बन्ध है जैसा दीपक और उसके प्रकाश में। आत्मा दीपक स्वरूप है और उससे विकीरित प्रकाश भावना। प्रकाश की तीव्रता और निर्मलता दीपक की प्रकृति और स्वच्छता पर निर्भर है। व्यक्ति की आत्मा स्वच्छ निर्मल होने पर ही उसके हृदय में सात्विक भाव उत्पन्न हो सकते हैं। अस्वच्छ कर्मों के प्रभाव से आत्मा पर भी मलिनता का आवरण छा जाता है जिससे वह प्रकाशविहीन हो जाती है। प्रकृति से आत्मा स्वच्छनिर्मल है।

आत्मा अजन्मा, अजर, अमर है। यह पूर्ण है। भावनाएँ उत्पन्न तो आत्मा से हैं पर वे शुद्ध अशुद्ध हो सकती हैं। आत्मा ही जीवन है। वृक्ष बीज में स्थित रहता है। तपस्या, साधना और सत्कर्मों से आत्मशुद्धि होती है। विचार क्रिया के अग्रज हैं। जैसे विचार उत्पन्न होंगें व्यक्ति वैसे ही कार्य करेगा।

संस्कृत में दो शब्द हैं — श्रेय और प्रेय। ईश्वर साक्षात्कार और बह्मचर्य श्रेय है। भौतिक वस्तुओं के प्रति आकर्षण प्रेय है। आजकल समाज में प्रेम और सौहार्द के अभाव में निराशा, दु:ख और अवसाद का आधिक्य है। परिवार टूट रहे हैं, पति-पत्नी के परित्याग होते हैं और आत्मघात तक होते हैं। यह भोग और विलासिता के पीछे अन्धी दौड़ का ही परिणाम है। कभी भी मन में दु:ख और अवसाद को स्थान न दो। अवसाद और आत्मपीड़न से तो आगे और भूल होने की अधिक संभावना है।

अमर आत्मा के विषय में महाप्रभुजी दीपनारायण के एक शिष्य स्वामी शिवानन्द का एक भजन है:

श्री गुरु आत्मा परमात्मा हो
महात्मा पुरुषोत्तम

सकल जग के अन्तर्यामी
चराचर की आत्मा ।
नभरूप व्यापो, सत्यआपो,
विमल चेतना आत्मा
धुन ध्यान आगे अगम जागे
निगम से नित्य आत्मा ।
पार से परवाना आगे
प्रतीत हो अध्यात्मा
निराधार हो आधार हो
ऐसा हो अविचल आत्मा ।
अलख देवा अजब सेवा
ब्रह्म मेवा आत्मा
सुन्नसे हो पार प्रभुजी
साक्षी शुद्ध आत्मा ।
धरा ध्यान सोहं मुनि मोहन
स्वरूप सहजा ध्यात्मा
गुरु दीप हो प्रणाम
शायर आप ही परमात्मा ।
सुख कर गुरु ध्यान दर्शी
भव दुःख से तरि आत्मा
शिवानन्द बोले आरती
गुरु देव निर्गुण महात्मा ।

हरि ओम्

३७. क्रिया अनुष्ठान सभा का प्रारंभ

(सेमरिया, जुलाई, १९८६)

आप सभी साधकों का इस प्राकृतिक स्थल पर स्वागत है । आप सभी यहाँ आध्यात्मिक उद्देश्य से उपस्थित हुए हैं । ईश्वर प्राप्ति, आत्म साक्षात्कार, मानव जीवन का कर्तव्य ज्ञान, धर्म,योगसाधना सभी उसी के रूप हैं ।

आत्म विकास के लिए दैनिक सामान्य अभ्यास पर्याप्त है । एक दो सप्ताह पर्यन्त गहन ध्यान और साधना से विशेष प्रगति होती है । इस साधना के लिए कुछ सामान्य नियम इस प्रकार हैं:

प्रकृति के सौंदर्य का अवलोकन कर उससे आनन्द लाभ करो । अपनी आत्मा के विकास के लिए जो अवसर प्राप्त हुआ है उसे हाथ से न जाने दो । इस प्रकार के अध्यात्मिक प्रायोजनों की तुलना एक महानद से की जा सकती है । जल ग्रहण के लिए विभिन्न व्यक्ति नदी तट पर आते हैं और अपनी आवश्यकता और पात्र के अनुसार उससे जल ग्रहण करते हैं । यह कार्य व्यक्ति की जिज्ञासा और क्षमता पर निर्भर है ।

जीवन एक अमूल्य धरोहर है, विरल अवसर है । विवेकशील व्यक्ति उसका अधिकतम उपयोग करते हैं । कहावत है:

दो दिन की चाँदनी
फिर अंधेरी रात।

जीवन अनिश्चित कालीन है । मृत्यु के पश्चात् कौन कहाँ जाता है? क्या होता है? यह कोई नहीं जानता—अत: भोजन, विलास, धनसंग्रह जैसी तुच्छ बातों में समय न बिताकर अपने वास्तविक लक्ष्य—मानव जीवन की सार्थकता, ईश्वर और आत्मज्ञान प्राप्ति तथा परमार्थ में जीवन का लाभ प्राप्त करो ।

आप सभी की इस उद्देश्य में सफलता की कामना है ।

हरि ओम्

३८. सहज भक्ति

(सेमरिया, जुलाई, १९८६)

भक्ति का उदय सहज रूप से अधिक होता है, सप्रयास कम। भक्ति ईश्वर कृपा से प्राप्त होती है। तीन बातों का संयोग भाग्य से ही मिलता है: मनुष्य जीवन, भक्ति के प्रति लगाव और सत् गुरू की प्राप्ति। भक्तिविहीन जीवन बिना जल की नदी, चाँद-तारों बिना आकाश और सूर्य के बिना प्रभात के समान है। इसके बिना जीवन निरर्थक है। ईश्वर भक्तजनों के मार्गदर्शन और संरक्षण के लिए ही अवतार धारण करते हैं।

गुरु का अर्थ सामान्य शिक्षक नहीं होता। गुरु तो सम्पूर्ण ज्ञान का प्रदाता है। राम, कृष्ण, ईसा और महाप्रभुजी जैसे महापुरुषों को भी गुरु की आवश्यकता हुई। 'गु' का शाब्दिक बोध अंधकार से और 'रु' का हरण से है। गुरु अज्ञानान्धकार का निवारणा कर प्रकाश का उद्घाटन करता है।

गुरु को ईश्वर तुल्य समझा जाता है। उसके बिना मनुष्य का त्राण नहीं—कहा गया है:

लोक तजे तो गुरु पहँ जाऊँ;
गुरु तजे तो कहाँ समाऊँ?

गुरु निन्दा ईश्वर निन्दा जैसा पाप माना गया है, पर गुरु का चयन बड़ी सावधानी से करना चाहिए। कई गुरु नामधारी व्यक्ति लोगों को धोखे से पथभ्रष्ट करते हैं। ऐसे तथाकथित गुरुओं से बचना चाहिए। सच्चे गुरु का महत्व इस श्लोक से स्पष्ट है:

गुरुर्ब्रह्मा, गुरुर्विष्णु, गुरुर्देवो महेश्वरः
गुरुः साक्षात परम ब्रह्मः तस्मै श्री गुरवे नमः ॥

अर्थात गुरु का पद ईश्वर के तीनों स्वरूपों ब्रह्मा (रचयिता), विष्णु (पालनकर्ता) तथा शिव (संहारक शक्ति) के समान है। वह स्वयं परमशक्ति रूप है अतः श्री गुरु के चरणों में सादर नमन है।

मोक्ष मूलम गुरो कृपा ।

गुरु कृपा से ही मोक्ष प्राप्ति संभव है ।

महर्षि नारद ने जब बैकुंठ धाम जाकर भगवान विष्णु से पूछा कि आपका वास्तविक आवास कहाँ है, तो उत्तर यही मिला कि न मैं वैकुंठ में बसता हूँ, न योगियों के हृदय में । मैं तो वहाँ वास करता हूँ जहाँ मेरे भक्त जन प्रेम से भजन कीर्तन करते हैं ।

सन्त कबीरदास ने गाया है:

पानी बिच मीन पियासी,
मोहे सुन सुन आवे हाँसी ।।

सारांश है कि ईश्वर का वास हमारे चारों ओर है फिर भी हम उससे अनजान हैं; जल में रह कर भी मछली यदि प्यासी है तो क्या यह घोर आश्चर्य नहीं?

कई संप्रदायवादी गुरु केवल अपने मत को ही सर्वश्रेष्ठ मानते हैं और दूसरे धर्मों को असम्मत कहते हैं । यह उचित नहीं है । मार्ग अलग अलग हैं किन्तु गन्तव्य एक है—ज्ञान लाभ और ईश्वर प्राप्ति । महात्मा गाँधी से जब किसी ने प्रश्न किया कि भारत में विभिन्न मतों से प्रतिपादित इतने ईश्वर कहाँ से आ गए । उनका उत्तर था कि बगीचे में एक ही प्रकार के फूलों से सुन्दरता नहीं होती; कई प्रकार के रंग बिरंगे फूलों से ही उसकी शोभा निखरती है ।

आप को अपने इष्ट देवता का चुनाव स्वयं करना है । ईश्वर के विभिन्न स्वरूपों, पूजा पद्धतियों और धर्म विश्वासों में जो आपको रुचिकर है, वही आपके लिए उपयुक्त है । अपने इष्ट के प्रति सहज और अगाध प्रेम होना चाहिए । आस्था आवश्यक है । बिना आस्था प्रेम भी नहीं होता । अत: अन्ध भक्ति को त्याग कर सहज भक्ति अंगीकार करो ।

ॐ शान्तिः

३९. सनातन धर्म

(सेमरिया, जुलाई, १९८६)

आकाश हमें अनेक रूपों, आकारों में स्थान और समय के अनुरूप दिखाई देता है। वास्तव में आकाश अरूप है और उसकी बाह्य परिस्थितियाँ ही उसे रूप प्रदान करती हैं। वेदान्त दर्शन इसी आधार पर अद्वैतवाद का प्रतिपादन करता है। इसके अनुसार ब्रह्म एक ही है:

एको ब्रह्मः द्वितीयो नास्ति।

महान सन्तों,गुरुओं ने सदा यही उपदेश दिया है कि आत्मा और ईश्वर अभिन्न हैं। ईश्वर पूर्ण है और जीवात्मा उसका अंशी। वे इस द्वैत भाव को मिटाना चाहते हैं कि हम ईश्वर के अमरत्व से भिन्न मरण धर्मा है। मध्य युग में कुछ धर्म गुरुओं ने इस निषेधात्मक दर्शन का प्रचार किया कि मनुष्य पापी है; मनुष्य जीवन दुःख पूर्ण है। परमात्मा कहीं सुदूर स्वर्ग में रहते हैं और हम उन्हें कभी प्राप्त नहीं कर सकते। ऐसी निराशावादी विचारधारा भ्रमपूर्ण और अनुचित है।

हमें तो यही दृढ विश्वास रखना चाहिए कि आत्मा और परमात्मा अद्वैत हैं। सभी प्राणियों में एक ही आत्मा का भिन्न भिन्न रूपों में निवास है। द्वैत भाव सत्य नहीं है; अद्वैत ही सत्य है।

वेदों से भी पुरातन ब्रह्म अथवा सनातन धर्म इसी तथ्य का प्रतिपादन करता है। धर्म कर्तव्य का पर्याय है। सनातन धर्म मनुष्य का कर्तव्य के प्रति समर्पण भाव है। सभी अन्य धर्मों के प्रति यह सहिष्णु है। धर्म, सम्प्रदाय, राष्ट्रीयता, राजनीति के भेदों से कई बार विरोध, संघर्ष और महायुद्धों का प्रारंभ होता है। असहिष्णुता और घृणा का जन्म होता हैं।

कुछ लोग ईश्वर के किसी भौतिक स्वरूप में विश्वास नहीं करते। वे मूर्तियों, चित्रों, वेदियों आदि का इसीलिए विरोध करते हैं। इसके विपरीत सनातन धर्म सभी मतों को मान्यता प्रदान करता है। उसके अनुसार धर्म एक क्रमिक विकास

प्रक्रिया है । सगुण धर्म साधना से अन्त में निर्गुण ब्रह्म की प्राप्ति हो सकती है । जिस प्रकार तैरना सीखने के लिए पहले शरीर को तेरानेवाले उपकरणों का प्रयोग किया जाता है और बाद में उन्हें त्याग दिया जाता है वैसे ही इष्ट देव में विश्वास और उसके ध्यान पूजन में उसके आकार की आवश्यकता होती है । अद्वैत के विश्वासी स्वमी विवेकानन्द भी अपने गुरु स्वामी रामकृष्ण परमहंस के चित्र की पूजा करते थे । सनातन धर्म के अनुसार 'विश्व के प्राणी मेरी आत्मा है ।' यह ईश्वरीय कथन है । इसी प्रकार सभी प्राणी एक ही अंश के अंशी होने के कारण परस्पर समान हैं । 'आत्मवत सर्व भूतेषु' यही शिक्षा तो है । जैसे आकाश तत्व के चार रूप माने गए हैं—घटाकाश, मठाकाश, चिदाकाश और महाकाश । ये क्रमश: बर्तन या व्यक्ति, कक्ष, चेतना और ब्रह्माण्ड में व्यापी भिन्न भिन्न आकारों के प्रकाश के प्रतीक हैं, पर आधार के दूर होने पर अन्त में एक ही तत्व में समाहित हो जाते हैं और वह है प्रकाश तत्व । सोने के भिन्न भिन्न गहनों के नाम रूप अलग हैं पर तोड़ने पर वह शुद्ध सोने का रूप ही है ।

अन्य धर्म अपने रूढ़िवाद के कारण खंडित होते रहे हैं पर सनातन धर्म की जड़ें बहुत गहरी हैं । यह सदा रहने वाला और अविनाशी है । दूर्वादल छोटा और कोमल है पर इन्हीं गुणों से वह ग्रीष्म ताप में भी हरा भरा रहता है । चन्दन के वृक्ष से सुगन्ध की महक चारों ओर के वायु मंडल को महकाती रहती है । बांस के पेड़ से सदा दावाग्नि का भय बना रहता है । शंकराचार्य जैसे महामनीषियों ने अद्वैत और सनातन धर्म का समर्थन किया था । बौद्ध और अन्य तत्कालीन सम्प्रदायों के सीमित असहिष्णु दृष्टिकोण और वामाचार के विरोध में शंकराचार्य ने अपनी विद्वता और त्यागमय जीवन से भारत में सनातन धर्म को पुन: प्रतिष्ठित किया ।

भारतीय आश्रम व्यवस्था के अनुसार सन्यास आश्रम बड़ा त्यागमय और परोपकार पूर्ण है । सन्यासी का कोई सम्प्रदाय, जाति, आयु नहीं होते । उसे तो सभी सांसारिक वस्तुओं से सम्पूर्ण वैराग्य हो जाता है किन्तु सन्यासी को कुछ सिद्धान्त पालन करने होते हैं । वह एक स्थान पर नहीं रहता; विचरण करता रहता है । धरती उसका घर है और आकाश उसकी छत । मानव मात्र उसका परिवार है और संसार उसकी कर्म भूमि।

आज के युग में समस्त संसार में स्वार्थ और आपाधापी से अशान्ति और असन्तोष है। सन्यासी वृति के कहीं दर्शन नहीं होते। मारक-संहारक वैज्ञानिक शस्त्रास्त्रों से विश्व विनाश के कगार पर खड़ा है। अत: इसे बचाने के लिए मनुष्य को सन्यास वृत्ति से शिक्षा लेनी होगी। समाज, राजनीति और पर्यावरण को विशुद्ध करना होगा।

आदि शंकराचार्य ने सनातन धर्म के दीर्घकालीन परिशोधन और स्थायित्व के लिए कई व्यवस्थायें दी थीं। उन्होंने भारत की सभी दिशाओं—उत्तर, दक्षिण, पूर्व, पश्चिम में ज्योतिर्मठ, श्रृंगेरी, जगन्नाथ पुरी और द्वारिका में मठों की स्थापना कर उनमें शंकराचार्य नाम से विद्वान् सन्यासियों की अवस्थिति व्यवस्था की। इसी प्रकार उन्होंने अपने अनुयायी शिष्यों को भी प्रचार प्रसार के लिए दस श्रेणियों में विभाजित किया यथा—गिरि, पुरी, सरस्वती, अरण्य, सागर आदि। पर्वतीय क्षेत्रों में गिरि, समुद्रतटीय में सागर, शहरों में पुरी और वन क्षेत्रों में रहने वाले अरण्य कहलाते हैं।

शंकराचार्य के जीवन की तुलना यूरोपीय सन्त फ्राँसिस असिसी से की जा सकती है। वे हिमालय क्षेत्र के बर्फीले वनों में नंगे पाँव और कौपीन धारण किए भ्रमण करते थे। एक बार रुग्ण होने पर उनके शिष्यों को चिन्ता हुई। अपने जीवन पर चिन्तित शिष्यों को समझाने के लिए उन्होंने इस पद्य की रचना की:

मनो बुद्धिऽहंकार चित्तानि नाहं
न च स्रोत्र जिह्वे न च घ्राण नेत्रे
नच व्योम भूमिर्न तेजो न वायुः
चिदानन्द रूपः शिवोहम् शिवोहम्।
न मे द्वेषरागौ न मे लोभ मोहौ ,
मदौ नै वमेमत्सर्य भाव:
न धर्मो न च अर्थो न कामो न मोक्ष:
चिदानन्द रूप: शिवोहम् शिवोहम्।
न पुण्यं न पापं न सौरव्यम् न दुःखम्
न मंत्रो न तीर्था न वेदा न यज्ञ:
अहं भोजनाम् नैव भोज्यम न भोक्ता,
चिदानन्द रूपः शिवोहम् शिवोहम्।

न मृत्युर्नशंका न मे जाति भेदा
पिता नैव मे नैव माता न जन्मा
न बन्धुर्नमित्रा गुरुनैव शिष्यम
चिदानन्द रूपः शिवोहम् शिवोहम् ।
अहं निर्विकल्पो निराकार रूपो,
विभुर्व्या प्य सर्वत्र सर्वेन्द्रियानाम्
चिदानन्द रूपः शिवोहम् शिवोहम् ॥

सुनते हैं शंकराचार्य के विरोधी सम्प्रदायवादियों ने उन्हें विष दे दिया था; पर फूलों के मुरझाने पर भी उनकी सुवास बनी रहती है । ऐसा ही महान विचारों के साथ है । शंकराचार्य एक महान विचारक थे । उनके सिद्धान्तों से भारत में पुनः सत्य की खोज और सनातन धर्म की स्थापना हुई ।

हरि ॐ शान्तिः

४०. साधना, धैर्य और सिद्धि

(सेमरिया, जुलाई, १९८६)

प्रश्न — साधना में क्रिया अनुष्ठान का अभ्यास करते समय अवचेतन मन में कई संकल्प विकल्प उत्पन्न होते हैं । कई बार वे सकारात्मक, सुन्दर होते हैं किन्तु कभी कभी नकारात्मक और अजीब होते हैं । इनका क्या समाधान है?

कर्म की दो प्रकियायें हैं । एक में सारे संचित कर्म स्वत: भस्म हो जाते हैं, पवित्र हो जाते हैं । यदि कुछ वासनाएँ रह जाती हैं तो कामनाओं के रूप में प्रकट होती हैं । वे बुद्धिगम्य होने के कारण चैतन्य मन में चित्रों, भावनाओं अथवा विचारों के रूप में प्रकट होती हैं । जैसा कई बार बताया गया है, आपके अन्तर में किसी इष्टदेवता की आस्था अवश्य होनी चाहिए। ध्यान के समय अच्छी और सुन्दर भावनाएँ जिस प्रकार आप अपने इष्ट देव को समर्पित करते हैं, उसी प्रकार निषेध भावनाओं को शुद्ध करने के लिए उनका भी समर्पण कर दो । ऐसा आप प्रार्थना के माध्यम से कर सकते हैं । हे भगवान मुझे इन कुविचारों और कुत्सित भावनाओं से मुक्त कीजिए और केवल शुभ तथा दैवी विचारों की ही प्रेरणा दीजिए ।

बुरे विचारों के समय आप दृढ संकल्प से उनका निवारण कीजिए । ध्यान की ये बाधाएँ विक्षेप कहलाती हैं । उनका कारण बाह्य अथवा आन्तरिक अपवित्रता अथवा क्लेश होते हैं । आपकी संकल्प शक्ति एक प्रतिज्ञा के समान है । उसके निर्वाह के लिए आपको अपने सम्पूर्ण व्यक्तित्व और शक्ति से प्रयत्न करना होगा । आप स्वयं का निश्चय ही इस में सफल हो सकता है । महाप्रभुजी का एक पद है:

श्री तत्वदर्शी गुरु देव का
अनुभव अपरम्पार,
ध्यान जिज्ञासु जो लखे
होता भव सिन्धु पार ।

अर्थात अपने गुरु देव का अनुभव असीम है। वे तत्वदर्शी हैं। जो साधक ध्यान के समय उनका स्मरण, अर्पण कर लेते हैं, वे संसार सागर से पार हो जाते हैं। तत्व दर्शन पूर्ण ज्ञान लाभ को कहते हैं और यह समाधि से प्राप्त होता है। आत्म तत्व या ईश्वर तत्व ही सर्वोपरि तत्व है। अपरम्पार सीमाहीन अथवा समय-स्थान की परिधि से परे को कहते हैं।

आत्म विश्वास की प्राप्ति के लिए महाप्रभुजी उसी गीत में आगे कहते हैं:

शूर वीर से अधिक है
साधु का संग्राम
काम क्रोध मद लोभ मोह
खोद उठाए नाम।
मैं मेरा निज आप हूँ
तत्-त्वम-असि निर्मय
करता हूँ मैं वन्दना,
मेरी मुझ को होय।

स्वयं को ईश्वर तत्व मान कर साधक अपने आत्म को ही नमन करता है, कितना महान आत्म विश्वास है।

ध्यान साधना के समय आपको कई प्रकार के अनुभव होते हैं। इसी प्रकार बाकी समय के अपने विचारों पर मनन करो। समाज संग, और वातावरण का इनपर बड़ा प्रभाव होता है। आवश्यक-अनावश्यक कार्यों में भेद के लिये एक पद्धति है। दो एक दिन आप अपने सभी दैनिक कार्यों को एक कागज पर लिख लीजिए। पुन: आप उनका अवलोकन कर छाँटिए कि इनमें से कौन से कार्य आवश्यक हैं और कौन से निरर्थक हैं। इनसे आपकी दिनचर्या नियमित होगी। स्वनिर्णय के अभाव में आप इस विषय में अपने गुरु से मार्ग दर्शन ले सकते हैं। मार्ग दर्शन, के अभाव में कई बार साधक भ्रमजाल में उलझ जाते हैं। सांसारिक सुख भोगों को 'काम रस' और ईश्वर प्रेम को 'रामरस' कहते हैं। दोनों का मूल्य एक ही है 'ध्यान-साधना'। इनके परिणाम के अन्तर को समझने के लिए गुरुवाणी और आदेश की आवश्यकता है। इन में से एक पतन की ओर ले जाने वाला है तो दूसरा मुक्ति की ओर। साधना में विक्षेप आना स्वाभाविक

है; पर गुरु तथा इष्ट में पूर्ण विश्वास और निरन्तर अभ्यास से सब बाधाएँ दूर होकर चित्त निर्मल होगा और लक्ष्य दृष्टि गोचर होने लगेगा । अन्त में सिद्धि अवश्य प्राप्त होगी । शारीरिक कष्टों पर ध्यान न दो, साधना का पथ तो कष्टमय होता ही है । सतत साधना और कष्ट सहन से असाधारण अनुभव होने लगेंगे । एक बार ऐसा अनुभव होने पर आप स्वयं उस मार्ग को त्यागना नहीं चाहोगे । यह ऐसा ही रस है ।

रामरस मीठा रे भाई ।
पावे कोई सन्त सुजाना, मन में साध जगाई ॥

हरि ओम्

४१. दीक्षा

(सेमरिया, जुलाई, १९८६)

यदि आपके पास गुरु गीता टेप हो तो उसे विशेष अवसरों पर बजाना चाहिए और ध्यान से सुनना चाहिए। अन्य ध्यान विषयक टेप भी जैसे 'चिदाकाश धारणा', 'हृदयाकाश धारणा' अथवा 'त्रिकुटी धारणा' अच्छी हैं। आप लोग मुझे गुरु सम्मान देते हैं। आपका मुझ में विश्वास है; पर मेरी आवाज के ये टेप हर किसी को न सुनाओ। वे उनका उपयोग मात्र विनोद या मनोरंजन के लिए कर सकते हैं, जो उचित नहीं है। गुरु सम्मान और गुरुवाक्य का मूल्य समझने वाले भक्त ही उन्हें सुनने के अधिकारी हैं। महाप्रभुजी का समस्त जीवन और सन्देश देवोपम और पवित्र हैं।

जीवन में कई बार समस्यायें आती हैं पर वे अस्थिर होती हैं। वे गुरु और शिष्य दोनों ही के भावी मार्गदर्शन के लिए लाभकारी होती हैं। वास्तविकता और सत्य अन्त में प्रकट होता है और वही शाश्वत है। मेरी इच्छा है कि योग का यह सन्देश आप प्रचारित करें। महाप्रभुजी से मेरी यह प्रार्थना है। आपको यह अधिकार है और मैं इसके लिए आपको अनुज्ञा और आशीर्वाद देता हूँ। अन्य लोगों को प्रशिक्षण के समय आपको जो अनुभव प्राप्त होता है,वह स्वयं साधना करते समय नहीं होता। वर्तमान युग में अध्यात्म, ईश्वर-विश्वास और परमार्थ भावना की जो लहर चली है वह सर्वत्र फैल रही है और विश्व मानवता के हित में यह एक शुभ लक्षण है। पारस्परिक प्रेम, भ्रातृत्व, प्रकृति और प्राणि मात्र के प्रति प्रेम की जो भावनाएँ उत्पन्न हुई हैं उनसे विश्व का वायुमंडल शुद्ध हो रहा है और आशा है कि इससे पृथ्वी पर स्वर्गराज्य का उदय होगा।

सभी व्यक्तियों में विशेष योग्यताएँ होती हैं। वे ईश्वर प्रदत्त हैं। किसी में संगीत, किसी में कविता-साहित्य, किसी में ध्यान व योग निद्रा आदि की प्रतिभा है। उसी के माध्यम से काम करना सीखो। गुरु कृपा से उसमें तुम्हें सफलता मिलेगी। कुछ लोगों के विचार से गुरु कृपा में अन्तर होता है। कुछ शिष्यों पर गुरु की विशेष कृपा है। पर वास्तव में ऐसी बात नहीं। गुरु तो सभी शिष्यों को

समान भाव से देखते हैं । शिष्यों की योग्यता और आचरण ही उन्हें विशिष्ट स्तरों पर अवस्थित करते हैं । योगी के साथ रहना और अपने समस्त कर्तव्यों का निर्वाह करना बड़ा कठिन है, गृहस्थ से भी कठिन ।

मै अभी तक प्राय: चार हजार लागों को योग की दीक्षा दे चुका हूँ । आस्ट्रिया देश में रहते मुझे १४ वर्ष हो चुके हैं। सभी के लिए आश्रम के द्वार खुले हैं । रुपये पैसे की यहाँ कोई फीस नहीं है । हमें तो अपने कार्य से जनजीवन में वांछित सुधार करना है । लोग कहते हैं, हमें अपने सांसारिक दायित्वों से फुरसत नहीं मिलती, सेवा कार्य कैसे करें? पर ऐसी बात नहीं है। यदि आप में संकल्पशक्ति, परिश्रम और त्याग भावना है तो सभी कार्य हो सकते हैं। कुछ लोग आश्रम में हैं, जो ऐसा कर रहे हैं, पुरुष वर्ग भी है और महिला वर्ग भी ।

योग और भक्ति में बुद्धि का विशेष स्थान नहीं है । बुद्धि सांसारिक योग्यता है । वह सांसारिक सफलता प्रदान कर सकती है, भक्ति नहीं । योग और भक्ति में तो विश्वास और समर्पण का विशेष महत्व है । इन्हीं से सिद्धि मिलती है, बुद्धि से नहीं । आप लोगों के समक्ष तीन मार्ग हैं:— यदि भक्ति चाहते हैं, तो मंत्र, अनुष्ठान का अभ्यास करो । मानव जाति की सेवा के लिए योग साधना करो और यदि आप महाप्रभुजी के सन्देश का प्रचार प्रसार करना चाहते हैं, तो स्वतंत्र होकर संसार में भ्रमण करो ।

आप लोगों के सामने मेरा उदाहरण है । मेरा जन्म सामान्य घर में हुआ। भारत से यूरोप आने के समय मेरे पास कोई धन सम्पत्ति नहीं थी। आज जहाँ मैं जाता हूँ, मुझे सब कुछ प्राप्त है, अत: भाग्य पर भरोसा रखो। महाप्रभुजी आपकी सहायता करेंगे । रोग और कष्ट से मत डरो । वे आयेंगे तो कहीं भी नहीं रुकेंगें; चाहे घर हो या विदेश ।

जो कुछ आपने सीखा है उसको विस्तार दो । एक बीज से अनेक बीज और अनेक बीजों से फसल पैदा होती है । एक दीपक से अनेक दीपक जल उठते हैं और सब कुछ प्रकाशित हो उठता है । अन्धेरा दूर भाग जाता है । अत: महाप्रभुजी की कृपा और मेरी प्रेरणा से अपने विश्वास और ज्ञानयोग को विकसित करो और उसको दूसरों में यथाशक्ति वितरित करो । मेरा आशीर्वाद सदा आपके साथ रहेगा । आपको सिद्धि अवश्य मिलेगी ।

ॐ शान्तिः शान्तिः शान्तिः

भगवान श्री दीपनारायण महाप्रभुजी का सन्देश:

हे मेरे परमप्रिय !
सबसे अधिक मधुर और मूल्यवान वस्तु सत्संग है ।
इसकी महत्ता सभी बुद्धिमानों, पवित्रात्माओं और
चारों वेदों ने गाई है ।
पृथ्वी और स्वर्ग की सभी सिद्धियों को
सहज ही प्राप्त किया जा सकता है;
किन्तु सत्संग प्राप्त करना बड़ा कठिन है ।
अतुल धन और राज्य सत्ता एक क्षण में विनष्ट हो सकते हैं,
किन्तु सत्संग रूपी सम्पत्ति का कभी विनाश नहीं होता ।
न काशी, न मथुरा, न प्रयाग, न गंगा
किसी की भी तुलना सत्संग से नहीं हो सकती,
क्योंकि सत्संग हमारी तुच्छ वृत्तियों व प्रकृति को बदल देता है,
हमें उच्च स्थान पर आसीन कर देता है
यह कीट को मधु भृंग बना देता है । *
महाप्रभुदीप कहते हैं: मेरे सत् गुरु देवपुरीजी
एक पूर्णानन्द योगी हैं ।
सत्संग की महत्ता का मैं कहाँ तक वर्णन करूँ
वह तो शाश्वत और अनिर्वचनीय है ।

ॐ शान्तिः हरिओम् तत्सत्

---

* यहां कीट शिष्य और मधु भृंग गुरु के प्रतीक हैं । गुरु का सत्संग शिष्य के जीवन में महान परिर्वतन ला देता है। वह गुरु कृपा के सान्निध्य से स्वंय एक साधारण शिष्य से एक आत्मज्ञानी योगी बन जाता है। वास्तव में एक कीट से मधुमक्खी बनने की प्रक्रिया एक प्राकृतिक सत्य है।

परम योगेश्वर श्री देवपुरी जी,
भगवान् श्री दीपनारायण महाप्रभुजी के गुरु
कैलाश, जिला सीकर, राजस्थान

भगवान श्री दीपनारायण महाप्रभु जी
परमहंस श्री स्वामी माधवानन्दजी के गुरु
बड़ी खाटू, राजस्थान

परमहंस श्री स्वामी माधवानन्द जी
भगवान श्री दीप नारायण महाप्रभुजी के आध्यात्मिक शिष्य
और
परमहंस श्री महेश्वरानन्द के गुरु
राजस्थान, भारत

परमहंस स्वामी महेश्वरानन्द

परमहंस स्वामी महेश्वरानन्द, नाम से विख्यात स्वामीजी का जन्म भारत के राजस्थान में पाली जिलान्तर्गत रुपावास ग्राम में हुआ। वे अपने परमगुरु और अवतारी महापुरुष भगवान श्री दीपनारायण महाप्रभुजी के सन्देश तथा प्राचीन भारतीय योग विद्या का विदेशों में प्रचार-प्रसार करने हेतु स्वदेश छोड़कर सन् १९७२ में आस्ट्रिया, यूरोप के वियेना नगर पहुँचे ।

इनकी शिक्षाएँ 'दैनिक जीवन में योग' नाम से प्रचलित हुईं और गत २० वर्षों में विश्व के अनेक देशों में प्रचारित हुईं—यथा चेक गणतन्त्र, स्लोवाकिया, हंगेरी, यूगोस्लाविया, क्रोएसिया, स्लोवेनिया, जर्मनी, स्विटजरलैंड, इंगलैंड, संयुक्त राज्य अमेरिका, कनाडा, हवाई, आस्ट्रेलिया, न्यूजीलैंड और भारत ।